第一资本

新兴公司何以引领市场

THE CAPITAL ONE STORY

How the Upstart Financial Institution Charged Toward Market Leadership

[美] 玛丽·柯伦·哈克特（Mary Curran Hackett）著
张建威 倪黎燕 译

电子工业出版社
Publishing House of Electronics Industry
北京·BEIJING

THE CAPITAL ONE STORY: HOW THE UPSTART FINANCIAL INSTITUTION CHARGED TOWARD MARKET LEADERSHIP by MARY CURRAN HACKETT published by arrangement with HarperCollins Leadership, a division of HarperCollins Focus, LLC.

本书中文简体字版权独家授予电子工业出版社。未经许可,不得以任何手段和形式复制或抄袭本书内容。

版权贸易合同登记号　图字: 01-2021-1139

图书在版编目(CIP)数据

第一资本: 新兴公司何以引领市场/(美)玛丽·柯伦·哈克特(Mary Curran Hackett)著; 张建, 倪黎燕译. -- 北京: 电子工业出版社, 2022.1

书名原文: The Capital One Story: How the Upstart Financial Institution Charged Toward Market Leadership
ISBN 978-7-121-41683-5

Ⅰ. ①第… Ⅱ. ①玛… ②张… ③倪… Ⅲ. ①企业竞争—竞争战略—研究—美国 Ⅳ. ① F279.712

中国版本图书馆 CIP 数据核字(2021)第 165811 号

责任编辑: 张振宇
文字编辑: 杜　皎
印　　刷: 北京联兴盛业印刷股份有限公司
装　　订: 北京联兴盛业印刷股份有限公司
出版发行: 电子工业出版社
　　　　　北京市海淀区万寿路 173 信箱　　邮编: 100036
开　　本: 880×1230　1/32　印张: 5.375　字数: 140 千字
版　　次: 2022 年 1 月第 1 版
印　　次: 2022 年 1 月第 1 次印刷
定　　价: 68.00 元

凡所购买电子工业出版社图书有缺损问题, 请向购买书店调换。若书店售缺, 请与社发行部联系, 联系及邮购电话: (010) 88254888, 88258888。

质量投诉请发邮件至 zlts@phei.com.cn, 盗版侵权举报请发邮件至 dbqq@phei.com.cn。
本书咨询联系方式: (010) 88254210, influence@phei.com.cn, 微信号: yingxianglibook

优秀

坚持做正确的事

信用卡不是银行，而是信息。

—— 理查德·费班克
第一资本公司创始人、首席执行官

1994年

西涅金融公司（Signet Financial Corp）宣布其信用卡部门分拆，任命理查德·费班克为首席执行官，任命奈吉尔·莫里斯为总裁兼首席运营官。

1998年

第一资本通过收购汽车金融公司巅峰承兑公司，业务扩张到汽车贷款领域。

1999年

理查德·费班克宣布通过收集消费者数据，有针对性地提供贷款、保险和电话服务。

2000年

"你的钱包里有什么？"这条第一资本的广告语首次亮相。

2002年

第一资本和美国邮政局达成大宗邮件交易。

2003年

佛罗里达柑橘碗赛事更名为"第一资本碗"，每年赞助吉祥物挑战赛，并在第一资本碗举办当天宣布获胜者。

2019年
第一资本向消费者推出了一款名为"银诺"的网银助手应用程序。

2019年
第一资本发现有人未经授权访问其亚马逊网络服务托管平台,造成美国和加拿大1.06亿人的个人信息泄露,立即将此事报告给联邦调查局。

2017年
第一资本退出抵押贷款发放业务,裁员1100人。

2015年
第一资本收购通用电气的医疗保健金融服务部门。

2012年
第一资本收购荷兰国际集团美国直销银行,并将其更名为"第一资本360"。

2009年
第一资本以36.7亿美元回购美国财政部持有的公司股票,给美国财政部带来超过1亿美元的利润。

2007年
第一资本收购预付借记卡营销公司网上得(NetSpend)。

目 录

引 言 ································· 001
  美国银行存贷简史 ······················ 001
  汉密尔顿家族 ························· 002
  第一资本的起源 ······················· 004
  重塑银行业 ·························· 006
  本书亮点 ···························· 008

第一章 创始人的故事 ················· 013
  1994年以前其他银行家没做过的事 ········ 015
  费班克的父母 ························ 016
  宏伟构想 ···························· 020
  用数据说话 ·························· 024

别人会怎么说？与唱衰者过招 …………………… 027
濒死体验和吸取教训 …………………………… 029
铁杵磨针 ……………………………………… 033
家庭第一 ……………………………………… 035
助力早期成功的独门绝技——信息化战略 ……… 036
从一开始就确立核心价值观和原则 ……………… 039
沟通的价值 …………………………………… 042
从零开始打造品牌和银行 ……………………… 043
创始人现状 …………………………………… 048

第二章　快速扩张与市场主导 …………………… 053
格雷茨基概念 ………………………………… 055
超越信用卡 …………………………………… 059
重整旗鼓 ……………………………………… 061
善用商机 ……………………………………… 063
关注消费者 …………………………………… 066
尽管经济低迷，但仍在扩大产品供应 …………… 070
创业时代终结 ………………………………… 071

第三章　崛起、衰退、大到不能倒 ………………… 077
完美风暴 ……………………………………… 078

第一资本面临大萧条以来最糟糕的经济形势 …… 081
渡尽劫波 …… 083
抓住机遇,逆势上升 …… 086
有备无患,未雨绸缪 …… 089
与患难之交的客户做生意 …… 091
与时俱进,应对法规变化 …… 094
把危机中的员工放在心上 …… 095
低谷时期的奖项和荣誉 …… 096
银行业与大到不能倒的政治潜规则 …… 098
荣誉 …… 101

第四章 变化中的技术 …… 105

数字化银行 …… 109
全国整合 …… 110
为数字时代储备人才 …… 114
进入支付空间 …… 116
充分利用社交媒体 …… 117
利用技术来强化使命 …… 117
随着业务走向全美,国内知名度和社会慈善责任
也随之而来 …… 118

第五章　今日第一资本 ·············· 125

由内而外，匠心独运 ················ 127
打造原始金融科技 ················· 128
创建"实时智能"银行 ··············· 130
构建人才梯队和业务流程 ············· 132
云基础设施构建：优势与风险 ··········· 133
数据泄露之后 ··················· 136
打造现代数字工具，提供更优质的客户体验 ···· 138
第一资本咖啡馆开门迎客 ············· 139
广开客源 ····················· 140
为未来打造品牌 ·················· 141
成就国家精英的职业生涯 ············· 142
组建多元、包容的员工队伍 ············ 144
建设社区 ····················· 147
建立可持续的生态友好型企业 ··········· 148

结　语 ······················· 152

踏上新征程 ···················· 152
教训与机遇 ···················· 154

引言

第一资本金融公司（Capital One Financial Corp.，下简称"第一资本"）在我们的日常生活中到处存在，如影随形。它推出的妙趣横生、明星云集的商业广告更是无处不在。与历史悠久的竞争对手相比，虽然第一资本进入银行和信贷业的时间较短，但在过去的25年，它始终稳扎稳打，在竞争中脱颖而出，如今已比肩十大信贷发行机构，与美国一些历史悠久的银行翘楚交往甚密。第一资本不仅富有活力，而且勇于开拓。很难想象这样一家年轻企业与传统银行有什么共同之处，但事实上它们的确有着千丝万缕的联系。

美国银行存贷简史

有些名称是银行的同义词，比如纽约梅隆银行（BNY Mellon）和摩根大通（J. P. Morgan Chase），有些名称是历史的代名词，而有些名称则兼而有之。美国开国元勋阿伦·伯尔（Aaron Burr）和亚历山大·汉密尔顿（Alexander Hamilton）的名字就属于后者，这在很大程度上得益于轰动一时的百老汇音乐剧《汉密尔顿》（*Hamilton*）的成功。两人亦敌亦友，同时也是美国两家规模最大、历史最久的银行的创始人。尽管人们倾向于把"大银行"视为当下这个时代的独特产物，但自诞生之日起，它们就是美国社会的有机组成部分。

汉密尔顿家族

美国历史悠久的银行之一纽约银行，正是由亚历山大·汉密尔顿在1784年创立的。从国会卸任回到纽约的汉密尔顿在那里发现了信贷商机。在这座日新月异的城市里，商人需要获得信贷，为自己的新项目筹措资金。然而，汉密尔顿却拒绝向其中一部分人，即死对头杰斐逊派共和党人提供贷款，而这些人实际上操控着纽约商界的半壁江山。

汉密尔顿的宿敌阿伦·伯尔不甘示弱，他公然（也有人认为是居心叵测地）修改了为纽约人建立的私营水务公司章程。在新修改的章程中，阿伦·伯尔规定水务公司可以接受存款并发放贷款。曼哈顿水务公司实际上是一家银行，也就是后来为人们熟知的曼哈顿银行。如此一来，伯尔就可以为之前被汉密尔顿等联邦派拒之门外的人提供贷款了。随着新资金的注入和新融资渠道的拓展，美国政治和金融格局彻底发生了改变。

一些历史学家，如《债台高筑的国家：汉密尔顿、杰斐逊和美国负债史》（*One Nation Under Debt: Jefferson, and the History of What We Owe*）一书的作者罗伯特·E.赖特（Robert E. Wright）认为，这正是托马斯·杰斐逊当选总统的原因。由于阿伦·伯尔组建了曼哈顿银行，新的现金流得以注入，为托马斯·杰斐逊提供了原本无法获得的资金。金钱左右政治这一传统，似乎和美国自身的历史一样源远流长。同样，拒绝提供贷款，歧视贷款人也由来已久。

> **事实上，在全美排名前十的银行中，有 9 家银行的历史已逾百年。它们经历了 47 次经济衰退，经历了股市崩盘、大萧条、民主党和共和党总统走马灯似的轮流坐庄、一次南北战争、两次世界大战，以及无数的战乱、兼并、收购，甚至屡见不鲜的空手套白狼似的庞氏骗局。**

虽然时过境迁，但银行之间的存贷竞争基本上一如继往。亚历山大·汉密尔顿成立的纽约银行至今仍然存在，已更名为纽约梅隆银行（2006年，纽约银行与梅隆银行合并）。同样，阿伦·伯尔创办的曼哈顿银行也以摩根大通的名义继续存在（2000年，曼哈顿银行先后与大通银行、J. P. 摩根公司合并）。时至今日，由两位美国开国元老创办的摩根大通和梅隆银行依然傲视群伦，雄踞美国十大银行之列。事实上，在全美排名前十的银行中，有9家银行的历史已逾百年。它们经历了47次经济衰退，经历了股市崩盘、大萧条、民主党和共和党总统走马灯似的轮流坐庄、一次南北战争、两次世界大战，以及无数的战乱、兼并、收购，甚至屡见不鲜的空手套白狼似的庞氏骗局。无论如何，这些老牌银行及其创始人始终是不断演绎的美国故事的一部分。

第一资本的起源

然而，静观美国十大银行（按资产计算），有一家银行之所以能够一枝独秀，恰恰是因为它并没有经历波谲云诡的过去。尽管第一资本的发展仅经历了四分之一个世纪,却是历久弥新的美国故事不可或缺的一篇,更确切地讲,它代表着美利坚的未来。极具讽刺意味的是,它的起源与两家最悠久、规模最大的银行的起源颇为相似:消费者的信贷需求和银行创始人反对歧视的愿望。

第一资本涉世不深,却与美国精神和美国历史血脉相连,其创始人也与美国银行业先驱有着许多惊人的相似之处。理查德·费班克(Richard Fairbank)和伯尔一样,也生于美国,而奈吉尔·莫里斯(Nigel Morris)则与汉密尔顿相同,都是移民。在创立第一资本时,富有远见卓识的两人恰风华正茂。他们敏锐地觉察到了消费者需求的变化,并准备乘势而上。和伯尔一样,他们注意到当时只有一半的美国人能够获得信贷,于是,两人便想实现信贷的普惠。正如亚历山大·汉密尔顿一样,他们希望推动美国的现代化,让美国繁荣发展,满足不断变化的社会经济、政治和迅猛发展的形势的需求。但与伯尔和汉密尔顿迥然不同的是,费班克和莫里斯最终并没有走向新泽西的旷野,进行殊死对决。迄今为止,他们依旧是至交好友,在银行和金融科技(金融服务与数字技术结合)领域扮演着领军者的角色。与其他九大银行大相径庭的是,第一资本的创始人仍然担任首席执行官,执掌着这家企业的未来。

> **第一资本涉世不深,却与美国精神和美国历史血脉相连。**

重塑银行业

在过去的 20 年间,第一资本不仅在金融业,而且在整个美国商业领域,尤其是在金融科技领域异军突起。自创立伊始,第一资本就给历史悠久、根深蒂固的银行业带来了巨大的冲击,它用创新实践改变了人们的理财方式,也刷新了人们对自己与财富关系的认知。为第一资本效力二十载的首席信息官罗伯特·亚历山大(Robert Alexander),深知第一资本作为后起之秀具备的不可比拟的优势,其中之一便是注重创新和科技。他说:"我们的主打产品是软件和数据,都是稍纵即逝的东西。当然,我们有实体分行,也提供可以放在钱包里的银行卡,虽然有些人只使用可以被下载到手机里的电子银行卡。鉴于产品的无形性,我们的业务全部围绕技术展开。技术关乎软件、数据和分析,涉及如何整合产品,为客户提供优质体验。"

罗伯特·亚历山大和作为银行的第一资本都意识到,这是金融业的一个发展方向,而且在过去的 20 年中,金融业也一直在朝这个方向发展。保险箱、账本、银行柜员甚至自动取款机的时代已经一去不复返了。第一资本的主要侧重点是实施数字战略。亚历山大将这一愿景归功于费班克。他说："我们的高管团队的共识是，要想成为执牛耳者，就必须先成为业内的技术引领者和数字化领军者。"他所说的"执牛耳"，意思是第一资本要在银行业内各个领域独占鳌头，而不只是在信用卡领域。第一资本在创立之初是一家纯粹的信用卡公司，没有储蓄账户、支票账户，也没有保险箱、分行，但如今在商业银行的诸多领域都能见到其活跃的影子。亚历山大指出："我们的产品组合和客户组合的数字化程度远高于其他大型金融机构。我们是为数不多的业务覆盖全国的银行之一。以信用卡、数字银行及其他业务为基础，我们确立了明晰的多维战略定位，进而打造出一个全国性品牌。"

亚历山大所说的战略，可以追溯到第一资本创立之初。当时，在一家咨询公司工作的莫里斯和费班克相识。费班克聘用了刚走出商学院校门的莫里斯。公司的部分业务要求他们与纽约一些历史悠久的大型银行机构合作。在与一家老字号银行合作期间，费班克逐渐意识到，银行最赚钱的业务是信用卡，却遭到冷落。相反，银行家都把业务重心放在投资或其他金融服务上。没人在意数据，而数据却分明告诉莫里斯和费班克，信贷有利可图，还是一片尚未开垦的处女地。那时，只有55%的美国人能够获得信贷。费班克决心改变银行的经营方式，帮助消费者获得信贷。在好友莫里斯的支持下，他最终让两百多年来饱经变革之风的现代银行业华丽地实现了转身。

胸怀革新银行业的共同愿景，抱定引领银行业不断迈向新世纪的决心，1994年，莫里斯和费班克创办了一家新型银行，为美国人进行贸易、增加信用和创造财富开辟了一条新的途径，并如开国元勋们所愿，最终为美国人民的幸福之路指明了方向。

本书亮点

本书将带领读者了解费班克在银行业进行创新、创办美国前所未有的"公平银行"的过程，讲述费班克与莫里斯如何克服（包括个人和专业方面）创业障碍，透视二人如何颠覆历史悠久、故步自封、由大银行呼风唤雨的金融业的一系列操作手法，并使读者能从其迅速主导市场的策略中有所斩获。本书将陪伴读者了解第一资本如何成为世界上最早运用消费数据和研究来把握市场趋势的银行之一,以及他们怎样直面困境、应对诸如2008年次贷危机和金融海啸等重大挑战。每家年轻公司都必须学会承受不可避免的挫折和成长阵痛,而第一资本正是因为做到了这一点才能屹立至今。此外,第一资本还经受住了内外交困、政治影响,以及行业巨变(尤其是与网上银行和技术创新有关的变化)的考验。

在过去的10年间,第一资本一路高歌猛进,在弗吉尼亚州麦克莱恩(McLean)建立了总部,营造了世界一流的企业文化和工作环境。《财富》杂志将其列入"全球百强最佳雇主名单"。随着迅速发展,第一资本不仅聚焦自身底线思维,也关注客户利益,不断增加投入,提升消费者意识,并于2019年推出了一款名为"银诺"(ENO)的网银助手应用程序。为改变人们的金钱观念和理财方式,第一资本发起了名为"重塑银行业"的活动,并与皮兹咖啡(Peet's Coffee)合作创建了银行咖啡馆。客户可以在舒适的空间里一边品尝咖啡、谈天会友,一边办理银行业务,与理财顾问一起规划自己的财务未来。

不过,第一资本最具争议的举措当属云计划。在适应瞬息万变的金融市场的同时,第一资本依托金融科技、核心银行业务、D2C零售客户应用程序方面的进步，摆脱了传统系统（内部开发银行软件）的束缚。如今，已经开展云业务的第一资本发展更加迅速，前景不可限量，但此举却饱受诟病。2019年7月下旬，第一资本遭到黑客攻击，上亿消费者的数据惨遭泄露，令其云计划受到质疑。这次被黑并非云服务器所致，而是由于云服务供应商亚马逊网络服务公司（Amazon Web Services）的一名雇员发起的网络攻击，但在面对所有美国企业面临的共同潜在威胁时，第一资本无疑不可能独善其身。本书将向你介绍第一资本如何解决安全漏洞，如何确保数据的完整性和安全性，以及为降低此类风险而采取的创新举措。

最后，诸位读者将见证富有远见并在数据为本的市场上独辟蹊径的两个人如何创建新型银行。你将了解银行和消费信贷行业的内部运作，了解银行业如何不断重塑，从而懂得金融机构对人类的过去、现在和未来的重大意义。

> **" 诸位读者将见证富有远见并在数据为本的市场上独辟蹊径的两个人如何创建新型银行。"**

"80%的策略是透析世界的走向，20%的策略是明白自己该如何应对。如果能够明了世界大势，你需要做的事情通常也就相应变得清楚了。这就是为什么我们总是在进行复盘。第一资本的全部故事，就是在大势所趋的消费市场演变中，如何实现利益最大化。"

—— 理查德·费班克

第一章

创始人的故事

奈吉尔·莫里斯与理查德·费班克

在美国首都华盛顿的创业社区(Startup Grind)内,奈吉尔·莫里斯和一位年轻的企业家正轻松地坐在舞台上的椅子里。大厅中座无虚席。他此次应邀前来,是要向在场的企业家、商界领袖和未来有望成为首席执行官的听众,讲讲他和联合创始人理查德·费班克如何以数据、信息化战略和技术为基础建立一家新型银行的故事,以及他最终选择离开第一资本、为初创公司金融科技(FinTech)融资的原因。主持人把莫里斯称为金融科技行业的"牙仙"①:"他捐了很多钱,但无人见过他的真容。"观众席里传出一阵会心的笑声,有人听出了这个笑话的意

---

① 欧美等西方国家传说中的精灵。

思。不过，莫里斯看上去有些茫然，或者是有点困惑。尽管是形影相吊的独行侠，他却经常在业界高层会议上发表主旨演讲，其中包括金钱2020（Money 2020）、朗迪金融科技峰会（LendIt）、颠覆金融峰会（Finance Disrupted）和伯恩斯坦年度金融峰会（Bernstein Annual Financials Summit）。作为位于弗吉尼亚州亚历山大市的量化宽松投资公司（QED Investors）的创始人和首席执行官，莫里斯并不显得腼腆，虽被誉为世界领军风投家之一，他却总是来者不拒，平易近人。反观他的老朋友、第一资本创始人、现任首席执行官理查德·费班克倒是喜欢低调行事。第一资本的发言人塔蒂亚娜·斯戴德（Tatiana Stead）说："理查德从来不对个人的公众形象感兴趣，他一直专注于公司的发展和前景。"这并非说莫里斯不"专注"，只是说他不再为第一资本工作了。除去公开讲座和论坛，两人很少接受采访。作为金融业信息化的先驱，两人改变了人们称为"现代银行业"的消费信贷业，而在1994年之前，其他银行家从未涉足于此。因此，现场的听众急切想知道莫里斯和费班克是如何首吃螃蟹、敢为人先的。

" 莫里斯并不显得腼腆，虽被誉为世界领军风投

家之一，他却总是来者不拒，平易近人。**"**

1994年以前其他银行家没做过的事

外表谦逊的莫里斯，讲话中夹杂着英国口音。他表示，自己出生在英国，先后上过11所不同的学校。他既非名门望族出身，身体里也没有流淌着腰缠万贯的银行家的血液。他的父亲在部队服役，孩提时搬家是家常便饭。他的母亲是威尔士人，会讲威尔士语，英语是她的第二语言。尽管生活经历许多变化，他还是像许多英国少年一样，在玩英式橄榄球的过程中慢慢长大。那时的他不太看好银行业的未来，对泛泛而谈的商业也提不起兴致。事实上，倘若问他长大后想做些什么时，你从他的嘴里不会听到传统银行业。相反，他对心理学倒是兴致盎然。最初，他上大学的目的是成为临床心理学家，但毕业之后却自称是"狂妄的实证主义者"，主张"存在即被感知"。

在数据、数字和所有可以证明并衡量的东西的诱惑下，莫里斯进入伦敦商学院，以优异的成绩获得工商管理硕士学位，并最终进入美国宾夕法尼亚大学沃顿商学院。毕业后，理查德·费班克聘请他担任战略规划公司

(SPA)的顾问。该公司位于华盛顿特区的历史建筑水门大厦,在当时的众多咨询机构中标新立异,莫里斯称其为"一个拥有海量数据的地方"。与20世纪80年代其他知名咨询公司不同,战略规划公司更注重商业战略而非企业管理。刚刚迈出商学院校门的莫里斯发现自己能与费班克平起平坐,而费班克堪称美国主要金融机构的战略规划大师。

费班克的父母

莫里斯自称狂妄的实证主义者,而费班克则心无旁骛地在科学之海中畅游。大体说来,他在这件事上别无选择。费班克的父亲威廉·费班克(William Fairbank),是一位备受尊敬的美国物理学家,在液氦和夸克研究方面颇有建树。威廉·费班克著名的实验之一促成了2004年引力探测器B的成功发射,而那时他已经辞世25年。这一发射任务验证了爱因斯坦广义相对论的两个未经证实的预测。老费班克无疑是一位天才和梦想家。他敢于提出别人未曾想到的问题,具有远见卓识。

费班克的母亲简·达文波特(Jane Davenport)也是

一位成功的物理学家。在第二次世界大战爆发后，简和威廉都应邀离开研究生院，参与在麻省理工学院放射实验室开发舰载雷达的军事项目。如今，作为女性物理学先驱、华盛顿大学第二位女物理学研究生、麻省理工学院放射实验室第二位女性科学家，她闻名遐迩。"二战"结束后，她退出物理学界，回家相夫教子。尽管专业成果可圈可点，但她始终坚称"儿子是自己毕生最大的成就"。

费班克和两个兄弟在父亲任教的斯坦福大学附近的一个充盈爱意、富有活力和理性的家庭里长大。在那里，他亲眼目睹了实验和数据的力量，更为重要的是，他学会敢于提出别人从未想过的问题。费班克的父亲是一位深思熟虑、好奇心强的人。费班克的父亲在斯坦福大学的同事弗朗西斯·埃弗里特（Francis Everitt）在《纽约时报》刊登的讣告中说，费班克博士一生的大部分时间，都花在"做没人相信能做的实验"上。

理查德·费班克的每点分析和科学思考，都无意步父亲的后尘。虽然就读于斯坦福大学，但用自己的话说，他并不是一个"典型的学生"。他很喜欢和孩子们在一起，还去一家娱乐机构当经理。除和孩子们打成一片外，他对经济学研究倾注了满腔热忱。最终，他回到校园，获得斯坦福大学工商管理硕士学位,并以全班第一名的成绩毕业。离校后,他步入咨询业。当费班克在华盛顿的战略规划公司把莫里斯招至麾下时,父亲的实证思维和为他人所不能为的精神开始在其身上凸显出来。有其父必有其子,毕竟老费班克是一位实证科学家。年轻的费班克会提出想法和假设,进行实验,分析数据,并根据实验结果做出结论。

时至今日,作为第一资本的首席执行官和董事长,费班克是"科学家"和深思熟虑的战略家,从不惧怕别人不愿做或认为做不到的事情(像他的父亲一样)。与他共事过的人都认为他有点"逆反"。费班克乐于传导压力,不断尝试创新,讨厌手下舒舒服服地混日子。2014年退休的首席财务官加里·珀林(Gary Perlin)说:"当世界向左转时,他偏喜欢向右转。反其道而行之的他往往和千载难逢的良机撞个满怀。他能够随机应变,与时俱进,尤其当数据表明趋势的时候。"对冲基金第二曲线资本(Second Curve Capital)的首席执行官、第一资本上市时的顾问和投资者汤姆·布朗(Tom Brown)表示:"他们的经营方式与众不同,是一种创新型测试和学习模式。非传统思维的费班克能够预见自己未来的发展方向,然后倒推业务，即便没有掌声也在所不惜。"

> **" 时至今日，作为第一资本的首席执行官和董事长，费班克是一位'科学家'和深思熟虑的战略家，从不惧怕别人不愿做或认为做不到的事情（像他的父亲一样）。"**

费班克从来都喜欢特立独行。他在1996年的年度报告中写道："第一资本的战略愿景从一开始就是清晰明确、充满活力和持之以恒的。我们注意到，技术和信息革命已经将信用卡业务转变为信息业务。这种富含信息的业务能够捕获客户互动和交易的每笔数据。有了这些信息，我们可以进行科学测试，建立基于精算的消费行为模型，定制产品、确定价格、限定信贷额度和进行账户管理，以此满足每个客户的个体需求。凭借这种洞察力，我们改变了一刀切的信用卡行业，创建了美国发展最快的公司之一。因为我们的战略以信息而非产品为基础，故而我们完全有能力驾驭信息革命的大潮，将这些战略复制应用于同样被信息重塑的其他行业。"

在创建产品和服务时使用这一信息化战略的革命性想法，成为费班克公司的发展基石。

宏伟构想

有人可能会说,莫里斯和费班克都有通过测试寻找结论的天赋,但这也完全出于其在职业生涯早期的需要。在战略规划公司工作期间,费班克对信息和技术如何改变消费市场越来越感兴趣。他还敏锐地意识到,只有智能解决问题,公司业绩才能得到提升。作为一名顾问,费班克开始注意到"不同行业的模式",并开始形成一些深信不疑的观念,这些观念最终塑造了他的思想。他的第一个观念是,行业结构是决定公司成败的关键;第二个观念如他所言,"当世界发生变化时,最后一批觉醒的人往往是那些深陷旧的生活方式而不能自拔的人"。

作为进行旁观的顾问,费班克拥有的优势奠定了第一资本的成功。他解释道:"第一资本的传奇,彰显了一个对信用卡业务一无所知的人,用客观、求知的目光探求世界时迸发出的力量。"两个没有银行从业经验的年轻人,赫然坐在大银行高管面前讨教。他们不得不提出试探性问题,洗耳恭听,察言观色,然后才能得出自己的结论。

不过话说回来,没有银行从业经验也未尝不是好事。

费班克和莫里斯可以从外部旁观者的全新视角来审视银行业，而不是用专家观点或"从来都是这样"的心态去考虑问题。"以我之见，当世界变局已成大势，你知道得越少，就越没有必要把传统智慧和现代智慧区分开来。"费班克补充道。这意味着他必须依靠数据而不是传言来得出结论，提出对策和建议。

> **第一资本的传奇，彰显了一个对信用卡业务一无所知的人，用客观、求知的目光探求世界时迸发出的力量。**

费班克和莫里斯在一起磨合了很长时间，了解彼此。双方很快意识到，他俩对同一件事充满激情——喜欢共同解决纽约各大银行面临的重大问题。他们的主要工作是研究银行集团，找出最大的投资回报在哪里。莫里斯在向坐在面前的企业家解释他俩如何做到精准施策的时候说："你把银行按照组成部分进行拆解，将资产净值相应分成若干份，然后哪部分最赚钱便一目了然了。"

莫里斯表示，正是这些数据让费班克的心中萌生了盘点银行业的新思路。莫里斯回忆："信用卡这种业务反复出现在我们的视野里。它以每年20%~30%的速度增长，使银行资产净值增加了30%~40%。坦率地说,银行巨无霸对此不屑一顾,他们都把精力花在了金融投资上。"

费班克在和斯坦福大学商学院学生进行交流时,还分享了另外一些观察到的情况:"首先,在高风险银行业中,每个人的信用卡价格(贷款年利率和年费)都是一样的,这一点就很奇怪。显而易见,如果消费者真的能够欠债还钱,那么信用卡业务将产生暴利。这项业务的巨大潜力背后是客户盈利能力的陡直梯度。如果能够将潜在的盈利能力梯度(因为消费者不还债,你就可能输得精光)进行平均,你的企业便可以盈利。其次,信用卡业务是一项极其丰富的信息业务,因为随着信息革命的深入,可以从外部获得海量信息。最后,该行业适合进行大规模科学测试,因为客户数以百万计,加之产品灵活,产品使用协议可以个性化,而通过直销可以向每个客户都提供独特的产品和服务。"

受此启发,费班克十分明了银行应当瞄准什么样的战略方向。他招募莫里斯帮助推广信息化战略概念,还为此拉来了赞助。费班克计划向银行兜售使用信息化战略构建信用卡组合的概念,针对市场利基定制产品。随后,费班克和莫里斯会晤了20~25名银行信用卡部门主管或首席执行官。这些人主张在消费数据采掘过程中,把产品科学测试、定价特点和行为与精算结合起来,并就信用评分、承销和托收等方面提出了一些创新想法。

然而,费班克在他到访的银行,目睹的都是一脸愁容。他回忆道:"每个发行商给每个客户的价格都完全相同。这荒谬至极,就好像汽车保险业把16岁年轻人的保费和46岁中年人的保费定成一样的那样荒唐。"向银行推销这个概念,说起来容易做起来难。

"我们一无所获,银行对此不感兴趣",当莫里斯回想起他和费班克走遍全国游说银行,试图让对方认可这项服务时说,"他们会听我们说些什么,然后说这办不到"。他们二人渐渐听惯了这样的答话:"你们不过是两个商学院的毕业生和战略顾问。"言外之意是:你们对银行业或金融机构懂得多少?事实上,每位银行高管都拒绝了费班克和莫里斯的想法,不过有些人说得比较委婉而已。一位首席执行官甚至威胁说:"如果费班克再上门推销冲账率超过1%的业务,就把他从窗口扔出去。"据费班克回忆,一半以上的银行让其吃了闭门羹,理由是对方已经在应用信息化战略了(仅凭有计算机可用),而其他银行则直截了当地表示,不可能实施这样的计划。费班克补充道:

"有些人称,这会给公司内部带来太多困难,以致重新做出调整。"费班克指出,这种认知完全"正确",因为"养成不断进行自我挑战的企业文化,以及进行大规模定制的复杂性,对企业来说可能意味着深刻的变革"。

> **"**他们二人渐渐听惯了这样的答话:'你们不过是两个商学院的毕业生和战略顾问。'言外之意是:你们对银行业或金融机构懂得多少?**"**

用数据说话

不过,两人并没气馁。在他们看来,这是一个"千载难逢的"商机。莫里斯记得,在开始制订新项目的细案时,他们清楚,工欲善其事,必先利其器,而且需要另辟蹊径。莫里斯说:"幸好我们还有大把的机会去标新立异。"两人仔细研究如何才能做到不同凡响,从而更加坚定了信心。他们问自己:"如果每个人的产品一样,定价相同,而我们开始根据潜在的风险来加以区别对待的话,那么会是怎样一番情形呢?"换句话说,他们可以使用数据,而不是因为某人以前从未办过信用卡,或者因为他们的生日与社保卡记录的不符，就将其拒之门外（没有出生在美国的莫里斯的情况就是这样，许多移民或归化公民也面临同样的问题）。但是，他们完全可以通过精算来防范风险，就像汽车保险所做的那样。例如，他们进行了广泛的测试，甚至成千上万次测试也不止。

在接受彭博社记者南妮特·伯恩斯（Nanette Byrnes）采访时，费班克和莫里斯透露了测试的结果："例如，对公司的汽车贷款部门来说，花45分钟时间在线研究购车的人的信用风险小。主动打电话申请信用卡的人的信用风险比被动办卡的人的风险要大。"伯恩斯在文章中承认："批评者嘲讽测试为噱头，但在经济衰退期间它的价值却得到了验证，因为第一资本的不良贷款和冲销率仍未失控，而其他贷款机构却经历了恶性膨胀。"莫里斯认为，原因在于数字。他们能为别人所不能为，因为在和众多消费者打交道的过程中，他们始终密切关注着消费者的行为。20世纪80年代晚期，信用卡行规都是一刀切，走到哪里都是一个价格。然而，拥有信用卡的美国人只有一半，而另一半拥有同样的产品。

莫里斯认为，这就是数据来源。他说："如果好好看看这些数据，我们就能真正理解并精算风险。"换言之，能否指望消费者偿还所欠的债务？他们还需要了解消费者的个性需求。有人想为年费争取较低的贷款年利率，有人想要积分，而有人则想要一张印有宠物狗照片的信用卡。

对莫里斯和费班克来说，信用卡行业是一个"巨大的实验室"。二人表示："我们可以在里面做两件事情：一是进行充分的测试和探究，用精算来发现以恰当的价格能向合适的消费者提供什么样的产品；二是使用净现值（NPV）作为货币来权衡想法，以便充分优化整个实验室。"对于费班克来说，愿景更为简单，"就是打破信贷价格"。换个角度来看，这个愿景也称得上简单：数据将说明一切。它们将揭示客户需求，进而助力费班克和莫里斯创造出满足这些需求的产品。

对莫里斯和费班克来说，这个想法无疑是一次飞身大灌篮。眼见数据、利润率和亟待抓住的机会，他们所要做的就是把这个想法卖给银行大鳄。然而，正如商界领袖、销售人员和企业精英都知道的那样，万事俱备，只欠东风。在全国游说一年后，1988年，弗吉尼亚州里士满的西涅银行（Signet Bank，下简称"西涅"）终于"咬钩"，条件是莫里斯和费班克能够加盟。二人不得不把安逸的咨询工作搁置一旁，在里士满开始为西涅全职工作。不过，虽然费班克和莫里斯同意接受这份工作，但提出了自己的要求：信用卡部门的战略、营销和信贷业务悉数归他俩负责，而且还包括原本属于银行的信息技术管理。费班克还和银行就一种全新的补偿形式进行了谈判，即任何新账户产生的净现值的大部分，都将落入他和一些高管的囊中。西涅银行同意。于是，1989年10月，费班克和莫里斯进入西涅工作。

别人会怎么说？ 与唱衰者过招

当费班克和莫里斯回到战略规划公司，告诉同事们西涅的工作邀请时，他们得到的反响并不热烈。一位高级合伙人简直不敢相信自己的耳朵。费班克还记得当时那个人对他说："你怎么能这样做？要加盟信诺（Cigna）?!"费班克不得不说明他并不是为保险提供商才离开战略规划公司的。"不，不，我说的是西涅。"费班克解释。合伙人接着问："那是什么？你要接管那个地方吗？"费班克答道："不，不，是信用卡业务，我只是想……"合伙人打断了他的话，充满疑惑地问："管理信用卡部？"

没有人看到费班克和莫里斯能看到的东西——机会。

在外人看来，这两个人就像在开倒车。

唱衰的还不只是他们原来的同事，两人在西涅也遭到了不同程度的排斥。如前所述，费班克和莫里斯接受西涅这份工作是有条件的，那就是对信用卡部的战略、营销和信息技术方面有完全领导权。西涅的人对这些要求大感不解。一位高管对费班克说："真有意思，我还不知道你是系统专家呢！"费班克答道："我不是，莫里斯也不是。除在商学院上过几节课外，我们对技术的了解并不多。不过，我们清楚自己想从技术中得到什么。我们相信，技术将成为我们信息化战略的中枢神经系统。我们需要技术人员、分析师和营销人员坐到一起，共同开发战略和系统，所以需要让他们都归我领导。"

> **"除在商学院上过几节课外，我们对技术的了解并不多。不过，我们清楚自己想从技术中得到什么。我们相信，技术将成为我们信息化战略的中枢神经系统。"**

那时，运维（DevOps）概念和"打破部门间条块分割"的做法距离主流实践还有几十年的路要走。大多数公司和银行的工作方式，都像典型的20世纪80年代电影

《辣身舞》（*Dirty Dancing*）展示的那样。演员帕特里克·斯威兹（Patrick Swayze）在片中扮演的舞蹈教练约翰尼·卡斯尔（Johnny Castle）对女主角的几句警告至今令人记忆犹新："这是我的舞蹈空间，那是你的舞蹈空间。我不进你的，你也不能进我的。"每个人都必须待在自己的地盘，绝不能越雷池半步。但是，费班克和莫里斯清楚，约翰尼和女主角在凯勒曼山区的夏日狂欢已经结束了。

濒死体验和吸取教训

新官上任之际，必然会遇到队伍中出现的一些阻力，特别是那些在自己的小天地里我行我素的人。由于费班克和莫里斯无权改变西涅信用卡业务之外的组织结构，正如费班克所说，为达此目的，他们必须"内部挖潜，横向努力"。主要反对者之一是一个叫丹·奥尔里奇（Dan Oelrich）的人。他是"判断性信用政策"方面的专家，在业内享有盛誉。总的说来，"判断性信用政策"是指信用分析师在做出"有所依据"的决定（尽管是明显不科学的）之前，利用他们的"专业技能和经验"（尚无准确定义），来对申请人的记录做出评估。

有些时候，人们可能会说这样行之有效。在奥尔里奇的领导下，西涅信用卡部的冲销率屡创新低。然而，费班克和莫里斯认为，这种政策不可持续。"靠拍脑袋来做决定"无法度量。在费班克看来，判断性信用政策不能"充分利用信息，因为信用分析师的洞见和经验很难与其他分析师共享"。为改变这一政策，他们不得不进行一些初步测试。但是，他们的初始测试简直就是灾难性的。西涅的冲销率从行业最好的2%上升到行业最差的6%以上。

莫里斯坦言："情况非常糟糕。悲惨的是，我们把数据弄错了，并为此付出了高昂的代价。"两个人压力非常大，时常焦虑不堪。莫里斯回忆，开车往返首都华盛顿和里士满的通勤路上，他们每天都会大声交谈，诸事不顺的他们"不知道当天会不会被炒鱿鱼"。莫里斯还记得一个朋友有一次鼓励他说："奈吉尔，这只是黎明前的黑暗。"莫里斯说："天的确很黑。"回想起这段时光，费班克同样满脸严肃："经历过四年的濒死体验，我们才初尝成功的滋味。"事实上，费班克当时认为，只能再坚持几天或几周时间，最多不过几个月，他们就得关门歇业。

然而，说来也巧，银行高层并没把信用卡业务萎靡不振当回事。他们正在处理另外一场房地产业务遭遇的严重危机。管理层的全部精力都集中在化解这场危机上面。尽管这对银行来说是一段艰难时期，但莫里斯和费班克却趁机得以解决问题，改进流程，选拔更好的管理和服务人才，同时，利用收集的客户数据不断完善产品。

他们最初的主攻方向，是找到每位支付19.8%的贷款年利率的客户，了解竞争对手（精算风险也很低）的贷款年利率，然后通过邮件与他们取得联系。他们在邮件中所要传递的基本信息是："不用付19.8%，做我们的客户您只需付9.9%。"他们向已证实的付款人提供相当低的利率，旨在奖励良好的行为。客户所要做的就是在寄给他们的支票上签字，然后进行余额转账。那时，大多数消费者意识不到自己究竟付了多少钱，反正每个人的付款金额基本上都是一样的。

尽管降息和提供余额转账服务被视为银行界的高尚之举，但一些金融专家仍然警告像你我这样的人，不要使用任何形式的信贷产品，更不要说余额转账了。畅销书作家、电台主持人戴夫·拉姆齐（Dave Ramsey）因精于理财而走红。他认为债务不能靠借钱来摆脱，经常告诫人们不要进行余额转账或个人贷款。在他看来，只有银行才能在这些风险行为中赚钱。低息余额转账只有在你迅速付清转账金额时，才会有利可图，因为一旦促销时段（通常是 6~12 个月）结束，低息余额转账的利率就会上升。有些人因为没有意识到余额转账会对他们的信用评分造成负面影响而陷入麻烦。每次余额转账申请通常会把你的信用评分降低 10 分。因此，假如你想在余额转账后一年内拿到车贷或房贷，就需要格外慎重。余额转账还可能让消费者坠入另外一个陷阱。由于过度享受较低的最低还款额，他们失去了以较低利息尽快还清信用卡欠款的动力，随着时间的推移，便可能债台高筑。余额转账给借款人带来的麻烦还有，倘若他们在另一张信用卡上有更多的信用，却缺乏自律不去使用那张卡消费，最终就可能发现自己负债更多。

诚然，不使用信用卡最为理想，但费班克和莫里斯工作的系统，已经从对信用卡运作方式缺乏了解的客户身上获得了巨大利润。他们试图改善这种状况，并迫使其他银行照此办理。通过将利率降低到 9.9%，他们为银行树立了效仿的楷模。

他们的想法的另一部分是改变谁值得信任的观念。只有一半的美国人可以使用信用卡。莫里斯认为："这是一个由来已久的没有信用记录的问题。"那些人没有信用记录,因此也就无法获得信用。莫里斯称:"我们想实现信用民主化,因为信用卡在人们生活中不可或缺。"租车、住店、建立信用记录买房,所有这些对于许多过去"不合格"的消费者来说都是遥不可及的。伊桑·科恩-科尔(Ethan Cohen-Cole)是威斯康星大学经济学博士、《信用卡歧视》(*Credit Card Redlining*)一书的作者,对信用卡行业的社会经济和种族歧视进行了一番研究后,认为"信用卡是金融阶梯上的第一步"。莫里斯和费班克赞同这一观点,并希望打造公平的信用环境。为此,他们想让数据充分发挥作用,而不是利用过时的歧视性做法来伤人害己。他们希望了解消费者的需求,并对这些需求做出回应。

铁杵磨针

正如他们作为咨询顾问在收集研究数据的方法上需要下功夫一样,他们在经营信用卡机构时也同样需要付出。他们进行尝试,并对结果做出反应。他们形成假设,建立模型,在测试小组中测试这些模型,然后等待结果。莫里斯回忆:"我们确保把经济学问题搞清楚,在推出之前就已经成竹在胸。"这种有条不紊、训练有素的方法被证明是成功的秘诀。他们测试了数百种新产品的开发方法。由于面向全国推出9.9%的低先期利率取得了费班克所说的"爆炸性成功",他们赚得盆满钵满。在三年时间里,西涅的信用卡业务扩充到大约500万个客户,管理贷款70亿美元。这项业务从濒死的边缘发展到一周内雇用100人的团队来打理余额转账这个成功的产品,从而使西涅业务迅猛增长。

> **在三年时间里,西涅的信用卡业务扩充到大约500万个客户,管理贷款70亿美元。这项业务从濒死的边缘发展到一周内雇用100人的团队来打理余额转账这个成功的产品,从而使西涅业务迅猛增长。**

在莫里斯和费班克的领导下,信用卡部业绩呈指数级增长。事实上,信用卡部的收益和产品开始在银行各部门中一骑绝尘。因此,证券分析师在查看西涅的账务报表时表示,对股东来说,这是一次难得的机遇。如果信用卡部拆分,投资者将能享受到莫里斯所称的"大集团折扣,达到2+2=5的效果"。银行高层一致认为,为股东做这件事是正确的,并决定在 1994 年将信用卡部剥离出来,首次公开募股。

家庭第一

莫里斯承认这是一个很好的机会,尽管有些令人诚惶诚恐。理查德·费班克年仅 44 岁,将出任首席执行官,36 岁的奈吉尔·莫里斯将担任自己银行的首席运营官和总裁。当费班克把这一消息告诉他的妻子克丽丝(Chris)时,她流下了热泪,但不是喜极而泣,而是忧心忡忡。她对费班克说:"我担心在上市公司的染缸里,你会变得面目全非。"生性率直的克丽丝一直是费班克道德和伦理方面的引路人。当费班克还在读研究生的时候,同龄人为大公司打工赚大钱的做法令他跃跃欲试,而克丽丝开诚布公地对他说:"你让我恶心透了。"她的一句话让浮躁的费班克安分守己起来。除"发生改变"这一自然的风险外,克丽丝还有一个更直接的忧虑——时间,毕竟他们的家庭还很年轻。

费班克在做西涅顾问的那段时间里,始终把家庭放在首位。他向妻子承诺,平均每晚会花两个半小时和孩子们在一起。虽然日理万机，经常往返纽约，在华盛顿和里士满之间通勤，但他答应每晚都会回家。由于每天工作时间超长，他和妻子想出了一个特殊的对策，如今的大多数家长顾问和睡眠专家听到都会被吓住：孩子们一直熬到半夜，然后上午睡觉，下午晚些时候再去上学前班。尽管遇到种种障碍，但他甘愿冒这个险，加倍尽到父亲的责任。他向妻子发誓，如果他"变了"，或者不能陪伴孩子，就立即辞职。

助力早期成功的独门绝技——信息化战略

早年在西涅的时间是形成期，二人就是在那里开发和打磨了他们的信息化战略。他们利用先进的信息技术和精密的定量分析技术，从数百万实际和潜在客户身上搜集到了海量数据。第一资本上市不到两年，业绩便已超出了预期，这在很大程度上得益于信息化战略。在1996年的年度报告中，费班克详细阐述了这一战略。他写道："利用数据和科学方法对众多产品创意进行小规模测试，使我们在做出重大营销举措之前，能够心中有数，胜券在握。所以，当对产品进行大规模投放和推广时，我们对十拿九稳的收益回报已经了然于胸了。信息化战略还使我们能够对产品进行定制，以便在正确的时间以正确的价格向正确的客户提供正确的产品。我们现有产品3000余种，其定价和功能可根据客户的个人需求进行定制。依据每个客户的财务状况为其量身设计和给产品定价，使我们的客户数量在过去四年里增加了700万个。定制还使我们能够以极具竞争力的价格提供产品，为第一资本创造高额的回报。"

他们在西涅开发的还不仅是信息化战略，还有与创新和技术紧密相连的思维方式。费班克写道："我们认为，每个企业或产品创意都有保质期。"有鉴于此，他们所有的举措都以结果为导向，为产品生命周期结束早做规划。费班克表示，当时的希望是，"通过不断地对产品进行创新，保持领先地位"。他援引第一资本当初在全国第一个提供余额转账产品来说明问题。与大多数成功的创新产品一样，它引来了众多竞争对手，随着时间的推移，利润逐渐减少。然而，费班克早已充分预见到了这一局面，"在余额转账产品尚处在强劲增长阶段时，便加大了对第二代新产品的投放"。第二代产品在广泛的特殊领域里为尚未饱和的市场定制安全卡、校园卡、慈善信用卡等产品。

这些新产品促使第一资本的早期收益急剧飙升。到

1996年，第一资本的收入总额（管理净利息收入加上非利息收入）增长了63%，从1995年的9.06亿美元攀升至15亿美元。

费班克认为，信息化战略使其有能力规避风险，采取"机会主义行动，即便对成熟产品也是如此"。他解释说："消费信贷是一项周期性业务。与许多行业观察家观点不同的是，我们认为当前的业务尚未达到峰值。信息化战略为我们提供了有效管控风险的数据和工具。我们使用复杂的模型来分析风险，我们的决策建立在极其保守的预测之上。为把总信贷风险降至最低，对产品重新进行定价和重构，以便在个人客户层面提供适当的风险防范。在信用卡业务举步维艰的一年里，我们的战略和"保守主义"有机结合，对我们取得创纪录的业绩起到了至关重要的作用。"

第一资本早期强劲增长，还得益于它能够掌握尖端信息技术，创建高度灵活的运营基础设施。这种基础设施使其能够领先竞争对手一步，将新想法推向市场。事实上，第一资本成功地将信息技术融入业务之中，为此赢得了1996年高德纳（Gartner）集团颁发的"卓越技术奖"。这个久负盛名的奖项每年只颁发给一家美国公司，过往的获奖者包括美国联合包裹服务公司（UPS）、美国航空公司和联邦快递公司。

> **"第一资本成功地将信息技术融入业务之中，为此赢得了 1996 年高德纳集团颁发的'卓越技术奖'。这个久负盛名的奖项每年只颁发给一家美国公司。"**

随着信息革命日益改变着其他消费产品和服务，费班克更加坚信，战略和技术能使其在市场竞争中一枝独秀。

从一开始就确立核心价值观和原则

费班克认为，第一资本的持续成功，是他们自 1988 年将信息化战略引入西涅以来所遵循的一系列原则的产物。这些原则是第一资本的精髓，融战略见解和管理价值观念于一体，通过多年的业务咨询和创业实践的打磨日臻完善，非常契合信息化战略的独特要求。这些原则不仅是人们茶余饭后的谈资，还是第一资本的一种生活方式。一位不愿透露姓名的员工说："这些原则绝非虚传。如果它们只是做做样子，我就不会在这里效力了。高管们都身体力行。"她所说的原则已经流淌在公司的血液之中，与公司水乳交融。费班克坦言，要确立这些原则并非易事。他说："践行这些原则需要从头开始重建公司，向许多大公司赖以为继的核心假设发起挑战。"

除信息化战略和应用技术外，他们的核心秘籍还包括用人。费班克写道："招聘是第一资本最重要的业务。我们不仅是说说而已，也是这么做的。"他们的战略的复杂性和不断创新需要世界级人才，也就是费班克所说的"知识和管理的超级明星"。正如他们利用信息化战略来提升信贷服务水平一样，他们也利用这一战略来寻找最佳人选，并通过全面的测试和面试来评估其表现。任何在那里工作或经历过严苛筛选程序的人都清楚，他们选人用人的标准非常高。费班克写道："我们的高级管理层广泛参与整个招聘过程。在聘用精英之后，我们努力通过培训计划、实际管理、在职辅导、工作轮岗和早压担子等做法来加大对他们的培养力度。我们认为，我们的人才培养举措对于提升第一资本信息化战略所需的能力至关重要。我们的信息化战略始于聘用英才。他们渴望迎接挑战，在问题面前挺身而出，积极寻求解决方案。"

然而，第一资本不会就此止步。费班克补充道："深知员工需要一个展现最好自我的环境的我们，创造并培育了一种企业文化，并使其成为第一资本最独特的资产之一。我们鼓励员工弘扬主人翁精神，像老板一样思考和行动。我们要求管理层别把自己当作老板，而是把自己视为教练，努力通过提供指导、以身作则、制定非凡标准来给每个员工赋能，从而保持公司的快速发展势头，冲破官僚障碍，实现跨越式发展。"第一资本的所有员工都有资格参加员工持股计划和401（K）计划，拥有优先认股权，主人翁精神由此被传播到公司的每个角落。

第一资本在员工身上寻找的一个重要美德，也是他们认为对公司的发展极其有利的东西，就是所谓的"近乎无限的灵活性"。管理层认识到，公司的业务具有短暂性，且在不断演变，许多商业机会转瞬即逝。"在利用机会方面兵贵神速，当其消失殆尽时我们还得继续前行。"费班克写道，"我们努力从客户的视角看世界，而不是透过我们的组织结构去看。跨部门团队合作是第一资本的一种生活方式，员工不断跨越部门局限，轮岗作业，组建新团队，以满足公司内部和市场不断变化的需求。"

" 我们鼓励员工弘扬主人翁精神，像老板一样思

考和行动。我们要求管理层别把自己当作老板，而是把自己视为教练，努力通过提供指导、以身作则、制定非凡标准来给每个员工赋能，从而保持公司的快速发展势头，冲破官僚障碍，实现跨越式发展。"

沟通的价值

这意味着，在费班克所称的"近乎无限的灵活性"的核心，还蕴含着另外一个第一资本的基本原则和核心价值——沟通。"自上而下、自下而上、部门之间"的坦诚、直率而又亲切的沟通持续不断，以确保所有员工在同一个信息平台上参考完整的、最新的信息行事。费班克说："由于系统整合和人员沟通顺畅，第一资本具有无限的灵活性，能够一次又一次地重塑自己，充分利用好每个天赐良机。"

虽然第一资本的战略是通过创新实现积极进取，但它却深深地植根于费班克所称的"保守主义文化"。这并不是指可能引发各种偏见或谬论的政治保守主义。更确切地说，他指的是这个词最基本的意思——小心，务实，审慎。费班克补充道："我们的创新是务实的，与严格的测试相辅相成，能让我们预见到哪些创意可能在市场上一炮打响。除非能证明有高回报率，否则我们不会轻易推出新产品。我们预测现有的机会将不可避免地消失，需要及早为产品被淘汰进行谋划，并迫使全员寻找新的增长点。虽然我们对信用风险的管理采用了高度复杂的统计模型、进行广泛的测试和监控，并随着市场变化不断对模型重新校准，但我们深知，有一部分信用风险是由我们无法控制的外部因素造成的。因此，我们通过大量的金融缓冲、行业最低的平均信贷限额、严格的信用担保和灵活的产品来固本培元，旨在避免信贷逆向发展。"

从零开始打造品牌和银行

在确立自己的核心价值观和原则之后，这些人首先要做的事情之一，就是使自己与市场上的其他玩家区别开来。他们知道自己公司的竞争优势是信息化战略，美国运通的竞争优势是品牌，花旗银行的竞争优势是规模经济，而美信银行（MBNA）则与慈善集团有着千丝万缕的联系。但是，光凭信息化战略是无法打入市场的，他们必须提升客户信任和市场认知度。要做到这一点,就需要师出有名,有一个和西涅完全不同的名字。

他们把目光集中在了两个选择上面:全球一号和第一资本,并最终选择了"第一资本"这个名字。这显然是对资金重要性的肯定,还因为他们身在首都①华盛顿特区,没有迁址的计划,不过,选定第一资本主要还是因为"全球一号"已经名花有主了。

> **他们……选择了第一资本这个名字。这显然是对资金重要性的肯定,还因为他们身在首都华盛顿特区,没有迁址的计划。**

由于第一资本名不见经传,又没有西涅品牌加持,他们必须使出浑身解数来赢得消费者的信任。于是,他们决定在信用卡方面使用维萨和万事达品牌。但是,他们清楚像维萨和万事达这样的品牌大树不可能永远靠下去。如果他们想要做大,与其他银行巨擘竞争,就必须舍得在营销和品牌方面下大本钱。莫里斯说:"我们估计每年花费1亿~1.5亿美元。"

---

① 译者注:在英语中,capital 一词兼有"首都"和"资本"之意。

对于一家刚刚起步、羽翼未丰的公司来说，这是一笔令人震惊的开销，但他们懂得，对于类似信用卡这样敏感的东西，必须为其创立一个值得信赖的品牌。问题是公司的每名员工都有这样一个认识：除非绝对能证明结果是积极的，否则不可擅自出手，也不能冒险。任何一个从事品牌创建、市场营销或创新、创业的人都知道，品牌信息或广告效应是否有效无法准确预测。莫里斯回忆，公司里有人说"莫里斯和费班克已经不再故步自封了"。莫里斯同意这种说法，但承认，"我们总得试试看"。

2000年，莫里斯和费班克组建了一支品牌团队，与纽约一家顶级广告公司合作，基思·戈德伯格（Keith Goldberg）是该公司指定的文案撰写人之一。莫里斯和费班克清楚自己想要什么。他们告诉戈德伯格和品牌团队，要"触动消费者，让其把财务状况真正掌握在自己手中。这样做的目的是消除客户随身携带信用卡的惯性，让人们真正思考自己的钱去了哪里"。

戈德伯格称，这是在他的职业生涯中"最具挑战性的任务"。负责帮助新兴信用卡公司迎战摩根大通、花旗银行、纽约银行、梅隆银行，并助力其跻身大牌金融服务公司的任务，内心弱小的人绝对难以胜任。戈德伯格补充道:"我们要让第一资本身价暴涨,同时还得让消费者对传统信用卡产生疑虑。于是,'你的钱包里有什么?'这句品牌推销语便应运而生了。在写这条推销语的时候,我并没想到它会像今天这样声名大噪。"

"你的钱包里有什么?"被认为是世界上最具标志性的推销语之一,2011年进入纽约广告名言录,与温迪快餐连锁店20世纪80年代脍炙人口的"牛肉在哪里?"等广告语比肩而立。这条推销语让他们发现了莫里斯所说的品牌"速度"。莫里斯说:"它使我们超越了维萨和万事达,能够向抵押贷款、汽车贷款等业务敞开大门。"

这一切听起来像是出师顺利,万事亨通。但是,莫里斯表示,知易行难。他说:"当时,我们把吃奶的劲儿都使出来了。"莫里斯和费班克非常清楚他们直面的是什么,也就是说,他们面对的是业绩优良的传统银行,对方的历史可以追溯到数百年前。第一资本是个搅局者,这一场面恰似《圣经》中的牧羊人大卫迎战巨人歌利亚。他们还得与消费者尚懵懵懂懂的市场打交道。几个世纪以来,消费者从未想过要质疑大银行在做些什么。最后,第一资本一骑绝尘,而传统银行只能望其项背。莫里斯认为,"第一资本在本质上是一家销售信用卡的科技公司。

我们领先一步，采取了严格的测试-学习和数据分析方法。时至今日，很少有银行能做到这一点"。

> **第一资本是个搅局者，这一场面恰似《圣经》中的牧羊人大卫迎战巨人歌利亚。他们还得与消费者尚懵懵懂懂的市场打交道。几个世纪以来，消费者从未想过要质疑大银行在做些什么。**

莫里斯认为，这在很大程度上是由于文化上的差异。传统银行深陷于窠臼之中，反应迟钝，变革缓慢。此外，它们承受着巨大的监管压力，很难创造出他所说的"创新思维迸发的新兴生态系统"。成为"销售信用卡的科技公司"的一个关键优势是，第一资本可以创造出一种新兴文化，从而在公司中建立创业激励机制。

在创建公司的过程中，他们把一切所学作为镜鉴，在西涅管理客户服务和信用卡部时灵活应用，在招聘之中融会贯通。从最初开始，他们就对人才非常重视。莫里斯认为，优秀与非凡之间的差别显而易见。

莫里斯和费班克致力于颠覆金融业，让消费者知情，雇用精英，创建能够在大公司中得以生息的创业型文化，瞄准打造世界级消费信贷公司和银行的目标。他们最终的成就不仅超出了自己的预期,也超出了整个金融界的预期,还推动了其他银行之间的竞争,从而改变了各地的消费环境。

> " 莫里斯和费班克……瞄准打造世界级消费信贷公司和银行的目标。他们最终的成就不仅超出了自己的预期,也超出了整个金融界的预期。"

创始人现状

2004年,莫里斯在巅峰时期离开了第一资本。据他讲,他对自己的十年任期感到无比自豪。虽然没有把第一资本的成功完全归功于自己,但他确实报告说:"第一资本的税后净收入以超过32%的复合年增长率增长。在这十年间,每股收益增长率和股本回报率每年都超过20%。这一财务业绩只有寥寥无几的美国公司才能与之媲美。2004年,第一资本在美国、加拿大和英国的1.5万名员工为5000万个客户管理着超过800亿美元的贷款,创造了超过15亿美元的收益,已然成功地从新兴初创公司转型为市值超过200亿美元的成熟上市公司。"

尽管莫里斯获得了巨大成功,但他认为经营一家国际企业并不适合于他。与老友费班克不同，莫里斯不适合公司生活。他越来越焦躁不安，想创建一些东西，帮助别人——特别是年轻的企业家和初创企业——创办自己的公司。在英国休假一年来考虑下一步的行动后，他返回美国，与他人共同创立并成为量化宽松（QED）投资公司的任事股东。该公司是一家专注于颠覆性高增长金融服务的金融科技风险投资平台。

该公司网站透露，其进行了大量投资，包括信用福报公司（Credit Karma）、巴西纽邦银行（Nubank）、先锋公司（Avant）、社会金融公司（SoFi）、瑞典克拉纳公司（Klarna）、绿天公司（GreenSky）和爱唯创公司（Avid Xchange）。如今，莫里斯是科利斯科（Clear Score）和米山兰（Mission Lane）公司的董事长，并在莱温彻公司（Red Ventures）、爱唯创公司、美迪马（Media Math）公司、繁荣（Prosper）借贷网站平台和佐帕公司（Zopa）的董事会任职。他还是纽邦银行董事会、思想42（ideas42）董事会和加拿大丰业银行（Scotia）数字咨询委员会的成员，并在美国泛大西洋投资集团（General Atlantic）和奥纬咨询公司（Oliver Wyman）担任咨询顾问。他还曾在第一资本、《经济学家》(Economist)、布鲁金斯学会（Brookings）、

《国家地理》、克拉纳、布伦特里支付公司（Braintree）、环联（TransUnion）和伦敦商学院的董事会工作。2019 年，CB 洞察公司（CB Insights）将其列为百名风险投资家之一。目前，他仍和妻子住在美国弗吉尼亚州，膝下有四个孩子和两个孙子。如今的他每天都在踌躇满志地寻觅下一个宏伟目标，不过数据仍在其决策中起着举足轻重的作用。

然而，费班克从来没有违背自己对妻子的承诺，公司生活没有改变他，他甚至有时间指导八个孩子练习足球、篮球和冰球。他从未离开过第一资本，至少像他说的一如既往。作为一名亿万富翁，他的谦逊随和、不事张扬的个性不为外人所知。他是一个狂热的冰球运动员，经常在晚间参加业余联赛。事实上，除经营美国十大银行之一外，他还与他人共同拥有一个位于弗吉尼亚州城市郊区的冰球场。这个球场是"华盛顿首都队"的主场。（华盛顿首都队的竞技场被命名为第一资本竞技场。）

尽管两位创始人在创办第一资本之后最终分道扬镳，但仍然各自沿着同一条路径砥砺前行，那就是视野开阔，着眼未来，通过了解消费者的需求、利用自己的经验抓住机遇，规避风险，像威廉·费班克博士那样，愿意做别人不愿甚至不能做的事情。

"你的钱包里有什么？"

—— 第一资本

第二章 快速扩张与市场主导

在冬季一个寒冷的午后,丈夫从车里出来,向在室外布置节日装饰的妻子打招呼。"哈哈哈!节日快乐!"说着,他背起几个装满礼物的袋子穿越雪地。"希望你买这些东西没把信用卡刷爆。"妻子关切地说。与此同时,一大群西哥特人(Visigoths)发动袭击,"杀死"毫无防备的雪人和塑料圣诞老人,随后便冲向这对警惕的夫妇。"你知道那些利息会对我们造成什么影响吗?"妻子一边说,一边越过丈夫的肩膀朝入侵者看去。"别担心!我用了新的第一资本信用卡!"丈夫安慰道。西哥特人闻听此言,放下武器,面面相觑。妻子笑了。西哥特人聚拢起来,举起盾牌、斧头和剑,高喊:"走,换个地方!"说罢,他们便向隔壁冲去。这时,响起了画外音:"过节别被抢。办一张新的第一资本信用卡吧,2001年5月之前所有购物免息。"这时,妻子望着被西哥特人洗劫一空的邻居家,对丈夫说:"我们得跟史蒂夫和劳拉聊聊第一资本的事。"画外音再度响起:"你的钱包里有什么?"

这则广告传递的信息十分明了:在第一资本横空出世前,信用卡公司的运作仿佛都是在欧洲中世纪黑暗时代进行的。它们恃强凌弱,突袭毫无戒心的家庭;它们肆无忌惮,所到之处一切毁于一旦。然而,第一资本是一种全新的信用卡。这则广告旨在向观众保证:它关怀家庭,关心利率。它想让人们知道自己的钱包里到底发生了什么。妻子说的那句"你知道那些利息会对我们造成什么影响吗?"是一句精心设计的台词。当时,大多数持卡人几乎不清楚那些高额利率对他们的生活造成了多大的损害。第一资本采取了一种新方法,不仅向消费者销售,而且还开导他们。这当然不是任性之举。从一开始它就脱胎于数据,是经过深思熟虑的万全之策。

第一资本成立之初,在研究方面投入了上亿美元的资金。第一资本想知道消费者在使用什么信用卡、为什么使用这些信用卡、他们的需求是什么、他们的决策在多大程度上是基于事实和信息的。第一资本在打一场持久战。它没有破门而出,而是潜心研究,专注于品牌和营销,以期让不谙内情的消费者建立起对自己的信任。

格雷茨基概念

为了对公司的终极发展方向、目标市场及如何进入市场做出战略决策,他们必须充分了解当时的局势和几个世纪以来的行业发展状况。在核查数据后,费班克和莫里斯对维持现状兴趣不大。事实上,当谈及自己公司的战略时,作为狂热的冰球爱好者的费班克毫不奇怪地称之为"格雷茨基①概念"。"如果你去冰球要去的地方,而不是冰球现在的地方,那比赛打起来就容易多了。"这并非只是提供先期利率和零利息余额转账。他希望深入了解客户的消费习惯,并利用这些信息去帮助人们,同时促进公司的发展。此外,他知道贷款机构要想取得成功,就必须成为他说的"混合型机构",既能利用庞大的信贷风险数据

---

① 译者注:韦恩·格雷茨基,Wayne Gretzky,加拿大职业冰球明星,世界冰球传奇人物。貌似营养不良的格雷茨基在力量和速度上并没有过人的天赋,却拥有非凡的预判力,能准确预判场上的形势。

池让自己在大型银行中木秀于林,又能利用大型机构固有的成本效益,同时,以较小的地方银行擅长的关系为基础,创建一个强大的社区。

> **"他希望深入了解客户的消费习惯,并利用这些信息去帮助人们,同时促进公司的发展。"**

如果第一资本想获得成功,它必须发展壮大,规模大到足以传递大型机构的成本效益,同时不会失去消费者渴望的个性魅力。有人可能说,这与其他大银行的做法其实没有什么不同。电视和网络上有无数广告宣传那些"关心"客户的大银行。一些批评人士和分析师对第一资本声称关心客户或单凭数据就比其他银行更了解客户需求的说法颇有微词。加拿大帝国商业银行世界市场(CIBC World Markets)金融分析师梅雷迪思·A. 惠特尼(Meredith A. Whitney)认为:"没有任何证据表明,第一资本对零售银行业的理解比其他人高出一等。没有多少策略可以对抗平滑收益率曲线。"

然而,这些年来,数据却表明情况并非如此。在与客户打交道和了解他们的需求时,第一资本必须在战略上有所把握。爱德华兹公司(A. G. Edwards)分析师大卫·乔治（David George）认为，"它在信贷风险管理方面比许多同行都要好"。自1994年以来，它的市场份额不断增长和扩大。在2017年市场力资讯公司（Market Force Information）进行的一项独立的全行业市场研究中，第一资本被认为是消费者最喜爱的银行和信贷机构，一举击败了其他大银行。超过6500名银行客户参与了这项研究。该项研究对银行业发展趋势、银行技术和信用卡使用提出了自己的见解。

然而，一个重要的问题接踵而至：第一资本是如何实现快速成长和扩张，竟然能与历史悠久、地位稳固的西哥特式竞争对手叫板甚至赶超对方的？有人可能说，时机起到了关键作用。那时还是在20世纪90年代，刚上大学或新参加工作的年轻人的童年，都是在广告铺天盖地的欣欣向荣的80年代度过的。色彩炫目、夸张的玩具广告，推销着从甜麦片到最新玩具——卷心菜娃娃，有人还记得吗？凡此种种，俨然就是一种生活方式。定制在那时大行其道。拥有一个印有自己名字的自行车牌照，是所有要酷小子梦寐以求的事。每个人似乎都急功近利，欲壑难填。一小时照相馆仿佛就是那时的照片墙（Instagram）。在派对上拍的照片，曲终人散之前就能洗印出来供人欣赏。那是一个令人兴奋至极的时代。在90年代的时代精神中,有些东西是第一资本对消费者采取独特营销方式的主要原因。消费者会讲出他们想要什么。他们想有所选择,他们想感受到独特和个性,他们想量身打造。他们还希望在这件事上,或者说在所有事情上有发言权。他们有自己的想法,需要和众人分享。他们不同于自己的父母,更迥异于祖父母。

有些人可能会说,第一资本用来吸引新客户并最终迅速占据市场的方法似乎无关紧要或侥幸使然,但事实上,这些方法对成功至关重要,而且是精心策划的结果。一些简单的事情,比如让持卡人亲自设计信用卡,加上他们最喜爱的运动队或者母校的标志,都会产生深刻的心理影响。它能令持卡人油然而生一种充实的自豪感,一种与众不同的"特殊感",直至一种归属感。数据显示,这也导致消费频率陡增。

积极营销是一项关键战略。第一资本几乎无处不在。吸引消费者眼球的不仅有西哥特人广告,还有广告牌、杂志广告。它还在大学校园里安插了销售代理。(在此爆料:本书作者的第一张信用卡就是第一资本的。记得当时我为信用卡选择了一张梵高的油画做装饰,与宿舍里的一张海报相映成趣。)第一资本专门寻找那些因为缺乏信用记录而被银行拒之门外的人。2002年,第一资本与美国邮政局达成了大宗邮件交易,寄出了数量空前的直邮邮件,主动向消费者提供颇具竞争力的先期费率、较低的贷款年利率及更多选项。所有付出都得到了回报,在不到10年的时间里,第一资本主宰了信贷市场。

> **❝ 2002年,第一资本与美国邮政局达成了大宗邮件交易,寄出了数量空前的直邮邮件,主动向消费者提供颇具竞争力的先期费率、较低的贷款年利率及更多选项。所有付出都得到了回报,在不到10年的时间里,第一资本主宰了信贷市场。❞**

超越信用卡

早在推出"你的钱包里有什么?"活动之前,第一资本便将目光投向了其他同样需要改造和更新的市场。从一开始,它就有研究团队对各种形式的消费信贷加以研究,其中一个焦点就是消费者如何为自己的汽车买单。当时,第一资本已经是排名第九的信用卡发行商,自1994年上市以来,市场覆盖范围大幅扩大。1998年,第一资本宣布同意以5500万美元的股票收购私人控股的巅峰承兑公司（Summit Acceptance Corporation）。这是一家总部位于达拉斯的汽车金融公司，专门为信用记录不佳的消费者提供贷款。此次收购将为第一资本提供约2.6亿美元的服务贷款。第一资本认为，这一收购不会对1998年的每股收益产生短期影响，但预计最终会在1999年增加每股收益。

在公司成立的最初几年，第一资本关注消费数据，聚焦市场大势和商机。这些数据不仅指向信用卡和车贷，还指向了保险，甚至电话服务和度假俱乐部，但并非所有的故事都是成功的。起初，费班克和莫里斯认为第一资本更像是一个"由数据驱动的营销商"，而不是一家金融公司。因此，他们很早就认为可以将由数据驱动的营销应用于其他领域，比如手机服务业务。

> **在公司成立的最初几年，第一资本关注消费数据，聚焦市场大势和商机。这些数据不仅指向信用卡和车贷，还指向了保险，甚至电话服务和度假俱乐部，但并非所有的故事都是成功的。**

这是科技和电信繁荣的巅峰。费班克曾形容手机是"带天线的信用卡"。然而，这项被称为"美国一号"的业务胎死腹中。它规模太小，无法提供其他主要竞争对手能提供的具有竞争力的价格。为了止损，费班克把剩下的客户卖给了斯普林特公司。他承认，"这对我来说是一次战略上的失败"。但是，这是一次最高层次的学习经历，让他从多种经营的思路上回心转意，把注意力集中在汽车贷款和国际消费金融上。

重整旗鼓

在成功推出的"你的钱包里有什么？"活动的高潮时刻，第一资本经历了莫里斯所说的极限"速度"。第一资本正在腾飞，寻找进一步扩张的途径。2001年，第一资本收购了人民第一公司（PeopleFirst, Inc.），这是全美最大的汽车直接贷款在线供应商。此次收购使第一资本成为美国最大的D2C贷款供应商之一。在第一资本发布的新闻通稿中，费班克解释，收购的原因并非只为了扩大市场。相反，他更看重未来，以及消费者如何在网上借贷。"人民第一公司成功的在线商业模式和第一资本经过验证的定制产品能力相得益彰，最终使全美的汽车购买者从中受益。随着收购人民第一公司，第一资本将其汽车金融战略扩展到了超级优质消费者和那些直接在网上寻求灵活融资的消费者。"费班克说。

当时，人民第一公司是一家私人控股公司，总部位于加州圣地亚哥，拥有270多名员工。并购完成后，它成为第一资本的全资子公司。被收购后，人民第一公司的高级团队继续管理运营，并对业务前景持乐观态度。在新闻通稿中，时任人民第一公司首席执行官兼联合创始人的加里·米勒（Gary Miller）表示："我们很高兴能够成为第一资本大家庭的一员。第一资本不仅为人民第一公司带来了巨大的资源和机会，而且认同我们对客户的坚定承诺。"

仅仅两年后，人民第一公司就被第一资本完全吸收，更名为第一资本汽车金融公司，还创建了新的网址 www.capitaloneautofinance.com，承诺为消费者提供全方位的汽车贷款服务。除提供经销服务和直邮汽车融资项目外，第一资本汽车金融公司还可以提供人民第一公司直面消费者的"方便、轻松和高附加值"的在线汽车贷款服务。在新闻通稿中，第一资本汽车金融公司首席执行官戴夫·劳森（Dave Lawson）表示："通过将员工才干和独特专业知识进行有机结合，我们成功开发出集成贷款解决方案，向消费者全方位提供低利率贷款。在第一资本麾下，互联网、直邮和经销商三管齐下,深耕汽车金融市场,在线上为消费者提供上乘服务和最具竞争力的费率。"时任人民第一公司总裁布莱恩·里德(Brian Reed)说:"我们通过网络提供超凡消费价值、无障碍流程和动态客户服务,从而实现了汽车贷款的突破性变革。我们以人为本,由此从一家互联网初创企业成长为第一资本金融服务组合中不可或缺的一部分。因此,虽然网址发生了变化,但我们会更加坚定地恪守对客户的承诺。第一资本使我们的服务能力和发展能力都得到了显著的加强。"

善用商机

2003年7月,随着第一资本向其他市场扩张,其贷款利率已跌至历史新低。从抵押贷款、学生贷款到新车贷款,美国许多消费者都能享受到创纪录的低利率。第一资本接着采取了大胆的举措,推出了一种新信用卡,固定利率为4.99%。这不仅闻所未闻,而且史无前例。这不是引诱利率或先期利率。无论对购买还是余额转账来讲,这都是美国史上最低的长期固定利率。4.99%的固定利率,为拥有良好信用记录的客户提供了使用美国市场上价格最低的信用卡来节省开支、提高购买力的机会。该卡是第一资本众多具有竞争力产品中的一种，具有定价低的特点，还包含一系列奖励措施，旨在满足个人消费者的需求。在新闻通稿中，第一资本发言人戴安娜·唐（Diana Don）表示："金融服务业的消费者对有竞争力的利率需求正在全面增加。无论他们是在寻找抵押贷款、汽车贷款还是信用卡，货比三家都很重要。消费者找到最好的价格和条件可以节省支出。第一资本的长期固定利率信用卡能使信用良好、支付高于必要利率的消费者受益，而且还能为他们提供更实惠的赊购选择。"

除通过低利率节省成本外，第一资本还提供无余额转账、现金预付费、无年费服务项目；对被欺诈或未经授权（在线或离线）的消费行为实行客户免责；因人而异确定付款日期。有资格使用第一资本新推出的万事达白金卡的消费者，将能享受到美国大型银行有史以来发行的最便利消费者的信用卡之一。任何人都可以在名为 www.getmycard.com 的网站上申办此卡。"我的"信用卡再度得到凸显，个性化服务强调人人为"我"的理念。

" 第一资本接着采取了大胆的举措，推出了一种

新信用卡，固定利率为 4.99%。这不仅闻所未闻，而且史无前例。这不是引诱利率或先期利率。无论对购买还是余额转账来讲，这都是美国史上最低的长期固定利率。"

第一资本的成功，部分得益于并购、舍我其谁的线上存在和低利率。到 2003 年第二季度，第一资本宣布每股收益率比去年同期增长了 34%，收益 2.868 亿美元，每股收益 1.23 美元（完全摊薄），而 2002 年同期的收益为 2.131 亿美元，每股收益 0.92 美元。2003 年第一季度的收益为 3.091 亿美元，每股收益 1.35 美元。除收益增加外，各种业态也得到了全方位改善。2003 年第二季度，管理式冲销（客户无法支付的账户）从上一季度的 6.47% 下降到 6.32%；管理型拖欠率从上季度末的 4.97% 降至 4.95%。在第一资本当年的一份新闻通稿中，时任首席财务官大卫·R. 劳森（David R. Lawson）表示："我们继续预计 2003 年管理贷款将增长 15%～20%。我们在汽车金融和国际金融领域的多元化努力，将对本年度第一资本的盈利增长做出日益显著的贡献。"

真正令人叹为观止的是，第一资本在市场营销方面的巨大投入。2003年第二季度的营销费用从第一季度的2.417亿美元增加到2.706亿美元,但比上年同期的3.204亿美元支出有所下降。没有哪个信用卡发行商可以动摇它的市场支配地位。

关注消费者

随着网上银行的兴起,信用卡公司、银行和消费者都面临着一个新的现实威胁——身份盗用(identity theft)。1998—2004年,2700多万美国人成为身份盗用的受害者。身份盗用的主要手段是信用卡诈骗。第一资本追根溯源,通过研判让其成功的数据来洞察市场趋势,然后告知消费者。为解决这一可能给消费者带来灭顶之灾的日益严重的问题,第一资本与一位不大可能成为合作伙伴的作家携手,共同向身份盗用发起挑战。《身份盗用:如何保护你最宝贵的资产》(*Identity Theft:How to Protect Your Most Valuable Asset*)一书的作者罗伯特·哈蒙德(Robert Hammond)与第一资本合作,提高人们的防范意识,告知美国消费者如何防止身份盗用,以及万一自己"中彩"该如何应对。第一资本为客户防范欺诈提供了可靠的保障，不仅回应了消费者的关切，也符合公司自身的利益。

在今天看来，哈蒙德和第一资本与消费者分享的信息都是常识，但对当时大多数人来说却是爆炸性新闻。那时人们普遍认为，身份盗用只是匿名黑客所为。但在现实生活中，许多身份盗用都是熟人作案，人们往往成为自己家人、朋友、邻居或同事的受害者。哈蒙德和第一资本提醒消费者提防他人，建议"不要把信用卡、信用卡账单或调查表到处乱扔，切记放在安全的地方保管，或者最好把不用的彻底撕碎"。

他们还建议保护好密码。当然，现在的身份盗用软件和程序要复杂得多，也很常见，但那时候的情况完全不同。第一资本在教育消费者方面走在了前列，对客户的财务健康和安全非常关注。第一资本表现出的对客户的关心和百分之百地对被欺诈者提供保障，使其赢得了消费者的信赖。它鼓励消费者行动起来，向贷方报告受害经过，以便欺诈账户被及时关闭；它主张消费者通过艾可飞（Equifax）、益百利（Experian）和环联三家国家信用报告机构来核实自己的信用状况；它还倡导严守信用，获取信用报告，确保不以个人名义开立额外账户，发生争端时以书面形式提出抗辩；它建议保留所有往来信件备查，并为受害消费者制作"身份盗用欺诈行为追踪表"。

> **第一资本在教育消费者方面走在了前列，对客户的财务健康和安全非常关注。第一资本表现出的对客户的关心和百分之百地对被欺诈者提供保障，使其赢得了消费者的信赖。**

第一资本是最早依靠数据和调查，采取积极主动的方式教育消费者的公司之一。在与消费者权益保护组织"消费者行动"共同发起的一项调查中，第一资本了解到，青少年是越来越迫切地需要掌握自身财务状况的人群。为什么第一资本会对那些还没到使用信用卡年龄的消费者感兴趣？有人可能说，这是费班克的又一个格雷茨基式把戏。他想在冰球动起来之前先行动，为市场的走向把脉。

对每一代人与金钱的关系而言，第一资本对人们不同的思维方式抱有浓厚的兴趣。一项针对父母及其未成年子女的调查显示，超过一半的家长认为自己孩子的理财能力"从良好到优秀"，然而，78%的青少年表示他们对财务的理解程度"一般，甚至很差"。调查还显示，父母从来没有真正与孩子深谈过现金、信贷和资金管理方面的问题。因此，教育未来的和潜在的客户的机会成为另一个战略重头戏。

2003年，消费者行动组织和第一资本合作编写了一本名为《与青少年谈金钱》(*Talking to Teens about Money*)的免费手册，其中包括活动、工作记录表和案例，旨在通过传授金钱管理基础知识来指导青少年和家长。时任第一资本金融教育主管的戴安娜·唐说："实用理财知识并不属于学校正常课程的一部分，所以青少年在家里学习这些技能非常必要。与青少年探讨金钱，有助于家长引导孩子进行非常具体的实际操练，了解信用评级如何建立和受损、支票账户如何运作，以及如何通过预算来避免透支。"

《与青少年谈金钱》只是2001年第一资本和消费者行动组织联合推出的全国性金融知识普及运动"精通金融"(Money Wise)的一部分。它是第一个将"免费的多语种金融教材与社区培训和研讨会结合起来的项目，为各种收入水平的消费者提供有助于他们做出明智金融选择所需的信息和实际帮助"。此外，这种合作还为来自首都华盛顿的80多个非营利社区团体组织了免费的金融知识培训研讨会。在为期两天的研讨会上，讲师与社区客户集中讨论了企业财务管理的六个方面，即银行业务、预算编制、了解信贷、信用修复、了解破产，以及与青少年谈金钱。

❝ 在与消费者权益保护组织'消费者行动'共同发

> 起的一项调查中,第一资本了解到,青少年是越来越迫切地需要掌握自身财务状况的人群。"

虽然这在很大程度上是主动出击,但它也是对日益严重的经济危机的回应。2003年,美国失业率居高不下。专家预测经济将进一步恶化。家庭债务也在增加,美国个人破产的数量也在持续攀升。第一资本清楚地看到,大多数美国人缺乏金融知识。第一资本和消费者行动组织希望帮助人们做出更好的财务选择和决策。有鉴于此,它们出台了指南手册《你有权从头再来》(*Your Right to a Financial Fresh Start*),详细介绍了破产利弊、法律程序,以及在做出这样重大决定时有利于自己的其他信息。第一资本并不主张破产,作为破产案中的债权人,它对潜在客户的财务健康状况非常关心。它提醒公众破产可能对其金融未来产生的负面影响,而且这种影响是长期的。次年3月,精通金融网站(www.money-wise.org)开通,第一资本以期通过这个平台免费向公众提供各种金融教育资源。

尽管经济低迷,但仍在扩大产品供应

虽然经济萧条,失业率飙升,家庭负债累累,但第一资本加大新卡研发力度，推出了新高迈（GoMiles）卡，为旅行者提供"无障碍奖励"。这是一种新的航空旅行信用卡，与其他航空里程积分卡不同。消费者可在其认为合适的时间，以自己想要的方式使用其攒下的里程积分。为满足消费者的需求，第一资本不限定日期，旅客有选择航空公司的自由（这与航空公司的忠诚积分卡发卡机构的做法背道而驰）。这样，消费者就可以货比三家，拿到最低票价。此外，消费者还可以使用里程积分，通过旅行社、线上或直接从偏爱的航空公司以喜欢的方式购买机票。作为进一步的奖励，他们可享受5000英里的免费积分余额转账、9.9%的先期年利率和19美元的年费。推出该卡的目的有两个：一是奖励第一资本的忠诚客户；二是提供合适票价帮助客户节约成本。2004年，第一资本连续推出新产品，不断扩大在信用卡市场所占的份额。

创业时代终结

第一资本在初创10年间持续增长和扩张，"9·11"事件不期而至，美国经济发展日呈颓势。此时，第一资本面临着一个相当大的挑战，其快速增长的势头有所减缓，表明其已不再处于初创模式。这引起监管机构的注意。2002年7月16日,第一资本在发布的盈利报告中披露,经过例行监管审查,该公司及其子公司有望"与银行监管机构就某些监管事项达成一份非正式谅解备忘录"。联邦和州银行监管机构对该公司评估信用风险的模式提出质疑。2003年,首席财务官大卫·M. 威利(David M. Willy)因涉嫌内幕交易被美国证券交易委员会(SEC)提起调查,被迫辞职。虽然他没有被指控犯罪,但此举令投资者畏缩不前。第一资本股价跌至五年来最低。

2004年1月,里士满联邦储备银行、储蓄机构管理局(OTS)和弗吉尼亚州联邦金融管理机构终止了谅解备忘录,从而表明各方意愿趋同。第一资本股价扶摇直上,至71美元左右,比2003年上涨了180%。随着时间的推移,局势渐趋明朗,监管机构对第一资本的担忧缺乏事实支持。第一资本每年的坏账冲销逐渐下降,2003年每股收益增长了23%。

不过,第一资本的管理层认为,应该重新考虑公司的管理风格了。第一资本正在迈进一个新时代,不再是一家初创公司,也不能再整齐划一地进行管理了。莫里斯承认这一点,在接受《彭博商业周刊》(*Bloomberg Businessweek*)

采访时表示："第一资本是一家大公司。我们需要以一种与之相匹配的方式进行管理。你不能再去指望两个家伙一边开着黑色福特车在 95 号州际公路上飙车，一边去做出生意决策。这种做法已经过时了。"当然，莫里斯指的是他和费班克早年在西涅共事时，如何去思考重大问题。

作为监管机构关切的产物，费班克成立了一个执行团队，开始在每周一会面，协助他以一贯的和透明的方式制定战略，而不是两个人坐在汽车里就把公司的重大决策搞定了，尽管事实上他俩已经有段时间没有如此拍板了。在《彭博商业周刊》的同一篇文章中，分析师文森特·丹尼尔（Vincent Daniel）说："我讨厌用'官'这个字来形容他们，但他俩还是稍嫌官僚化。在某种程度上，这也是必要的。银行监管机构不一定想要一种极端的创业文化。"

有人感同身受地体验到了新企业文化的掣肘，这个人就是莫里斯。2003 年，他宣布将于次年辞去总裁职务，离开公司，改任副董事长。有新的人生兴趣的莫里斯失去了第一资本早期发展时的创业活力。随着费班克执掌帅印，第一资本开始更像一家"传统银行"。虽然第一资本最初是一家专注于为信用记录不足、风险相对较高的借款人贷款的公司，但新时代在呼唤一些不同以往的做法，比如为风险性较低、信用度较高的个人提供更多的贷款。

"与监管机构的遭遇战给第一资本的客户群带来了持久的影响。"彭博社记者南妮特·伯恩斯写道。费班克需要应对这种风险并做出调整。如果他要改弦更张，减少对信用低、风险高的借款人的贷款，增加对 A 级信用等级客户的贷款，他将面临更大的竞争压力。对于如何助力公司成长的另一个答案，就是扩大视野，不局限于信用卡和贷款。尽管通过直邮为顾客办信用卡和汽车贷款是第一资本的看家本领，但其明白，现在是时候把目光从信贷转向传统零售银行业务了。2004 年，费班克罕见地向伯恩斯流露出他的战略思考。他告诉伯恩斯："作为多元化消费金融机构，我们所缺少的正是这块拼图。"第一资本的零售银行业务距离其战略最初构想很远，但随着消费者和市场需求不断变化，增长在预料之中。

制定新战略已经势在必行。冰球在移动，而如今单枪匹马的费班克，必须先人一步。

"我始终坚信,公司在顺境时做的抉择,将决定它在逆境时的命运。"

—— 理查德·费班克

第三章 崛起、衰退、大到不能倒

莫里斯离开后，费班克和第一资本的高管们将目光投向了一直在激烈竞争中占据主导地位的领域：抵押贷款和分行业务。这里面的风险已经经过计算。与创业时不同的是，第一资本拥有良好的业绩记录和成功证明。既然它在信用卡竞争中打败了传统银行，那么为什么就不能用同样的数据挖掘算法在其他方面也战胜传统银行呢？莫里斯离职一年后，第一资本以50亿美元收购了总部位于新奥尔良的恒亚（Hibernia）国民银行，同年晚些时候，将纽约梅尔维尔的北福克（North Fork）银行收入囊中。在局外人和投资者看来，这是明智之举。为便于管理，费班克对小型分行进行了整合。但是，诟病之声也不绝于耳。

> **在局外人和投资者看来,这是明智之举。为便于管理,费班克对小型分行进行了整合。但是,诟病之声也不绝于耳。**

完美风暴

20世纪90年代初,公司创办时顺风顺水,但此一时彼一时,这次情况却对费班克不利。就在2005年夏天他即将签署文件、买下恒亚时,卡特里娜飓风袭击新奥尔良海岸,摧毁了该行所在地区,导致该行损失1.86亿美元,售价削减了4亿美元。据《机构投资人》(*Institutional Investor*)杂志称,"这使恒亚的317家分行中有120家无法运营。卡特里娜飓风是美国历史上造成的损失最为惨重的自然灾害,恒亚6500名员工中的半数流离失所,其中包括路易斯安那州银行主管保罗·博尼塔迪布斯(Paul Bonitatibus)。在杰斐逊教区的家遭受水灾后,他在酒店和汽车旅馆里住了7个月"。值得称赞的是,在该地区重建期间,恒亚将数百名员工安置进临时住房。三周后,飓风丽塔袭击路易斯安那州西部和得克萨斯州,迫使银行撤离,恒亚又暂时关闭了60家分行,前景暗淡无光。

当时，费班克也在与北福克银行的抵押贷款部门进行谈判。大约在同一时间，美国房地产市场开始出现多年来的首次下跌。显然，现在不是涉足抵押贷款业务的最佳时机。2007年1月，劳伦·福克斯（Loren Fox）在《机构投资人》（*Institutional Investor*）杂志上发布的报告中说："2006年上半年，美国抵押贷款发放量下降了16%，收益率曲线由平缓变为倒挂，正在挤压银行业的利润率。北福克银行第三季度的盈利下降了14%，令华尔街大失所望。"他完全没有意识到银行业的至暗时刻尚未到来。

在崩溃之前，第一资本已经感受到了切肤之痛。它的股票开始下跌。分析师和股东开始对费班克口诛笔伐。瑞士信贷（Credit Suisse）分析师莫什·奥伦巴赫（Moshe Orenbuch）认为："他们不应该在抵押贷款业务风雨欲来之时，刚盘下恒亚就染指北福克银行。在短期内如此操作令受到损失的股东大跌眼镜。"但是，费班克不认同这种观点。他说："显然，为实现转型的长期利益，我们承担了更多的短期风险。"

费班克的一些最严厉的批评者认为，他应当干脆把公司一卖了之。无独有偶，其他信用卡竞争对手就是这么干的——特意被大银行收购，在收购过程中给股东丰厚的回报。而费班克是在放长线钓大鱼。《机构投资人》杂志称，整合浪潮是由"信用卡增长放缓引发的，因为消费者在经历长达10年的疯狂消费之后，还清了余额，减少了对信用卡的使用"。根据美联储的数据，当时美国未偿循环消费信贷为8630亿美元。第一资本的盈利开始趋缓，2005年仅增长了18%，而此前三年的平均年增长率为35%。借款放慢，很大程度上归咎于消费者已经刷爆信用卡。费班克清楚自己必须另辟蹊径。他既然已经涉足汽车贷款，那么接下来涉足抵押贷款也在情理之中。在过去的10年里，它们平均每年增长7%甚至更多，而信用卡的增长率只有3%~4%。

早在金融危机到来之前，甚至早在次贷危机爆发之前，费班克就预感到银行业的形势正在发生变化。他预测，银行业将"由少数几家大型全国性银行主导，而不是由一系列地方银行左右。对于少数将自己定位为整合者的玩家来说，将面临一个非常重要的增长机会"。

尽管费班克无法预测到2008年的股市崩盘，但他似乎意识到了次贷定时炸弹的真实存在，而全国性按揭和房屋净值贷款机构北福克银行的绿点按揭（Greenpoint Mortgage）就名副其实。他一看北福克银行的账簿，便立马产生了关闭绿点按揭的念头。如今已经倒闭的雷曼兄弟公司（Lehman Brothers）的分析师布鲁斯·哈廷（Bruce Harting），在谈及第一资本在2007年收购北福克银行（也就等于收购绿点按揭）时说："从许多方面来看，这都是天造地设的姻缘。"现在看来，这种说法充满了讽刺意味。费班克对此并不认同。在2007年8月的一份新闻通稿中，第一资本表示："鉴于绿点按揭的'发放-销售'商业模式和二级按揭市场现状给团队盈利能力带来的重大挑战，第一资本决定正式停止其批发绿点按揭的住宅按揭贷款发放业务并立即生效。此外，按揭市场的近期和后续发展状况使公司长期盈利的前景变得暗淡，因为公司对于优质、非标准抵押贷款产品的市场预期，在可预见的未来仍将面临挑战。"随着这一决定的做出，绿点按揭关闭了位于加州的总部以及19个州的31家分行，并取消了大约1900个工作岗位。对员工和市场来说，这个消息令人警醒，极具毁灭性。不过，这也算是未卜先知，因为没出一年，整个市场就土崩瓦解了。

第一资本面临大萧条以来最糟糕的经济形势

第一资本开始瞄准传统银行零售业务的其他方面，费班克仍一如既往地全神贯注。可是，如果要挺进这个领域，他就得像做信贷业务一样，用一只眼睛紧盯着创新，另一只眼睛紧盯着与以往完全不同的事情。他的长远规划是继续收购银行，壮大自己，与行业巨头一决高下。一直以来，费班克都在全力以赴地进行着一场漫长的比拼，尽管身边疑神疑鬼者大有人在。当时，一些人认为第一资本正处在并购的最佳时机。高山动态金融服务基金（Alpine Dynamic Financial services funds）经理、当时的股东彼得·科瓦尔斯基（Peter Kovalski）向《机构投资人》杂志坦言："人家并不想变卖，但我仍然认为这家公司是一个合适的并购对象。"费班克不为批评者或怀疑者所动，他说："我和大公司过招，已经有18个年头了。"

费班克认为，"再造"银行业的时机已经成熟。这就是为什么他从一开始便全心投入的原因。然而，所有的银行和贷款机构都处于盲人骑瞎马的境地，而且所有美国人都如履薄冰。不过，尽管经济开始滑坡，全美似乎经历了灾难性的破坏，但第一资本基本上没什么损失。在股市崩盘两周之后的2008年10月16日的新闻通稿中，费班克站出来向股东们保证，公司一切运转良好。他说："在经济逆风愈刮愈烈、金融服务业格局发生前所未有的改变的背景下，第一资本仍在继续创造利润和产出资本，但我们并不自得。公司将审时度势，加大管理力度，有所作为，让投资者和客户在当前的经济衰退大潮中成为受益者。"

时任第一资本首席财务官加里·L. 珀林（Gary L. Perlin）甚至放言，该公司"在经济衰退期间拥有坚如磐石的资产负债表"。他补充说："我们的资本充足率远远高于我们的目标。随时可用的流动资金是明年债务再融资需求的四倍多。这令我们能够掌控风暴，在机会出现时善加利用。"

然而，要预测这场危机实际造成的巨大后果可能为时过早。在2008年年报之前的一封信中，费班克的说法无疑更加清醒："2008年，银行显然面临大萧条以来最严重的金融危机。房价暴跌，资本市场冻结，失业率攀升，消费者信心顿失。联邦政府向金融系统和银行注入了大量资金。美国许多银行大鳄都难逃经济衰退的蹂躏，都在积极管理资本，提高资产变现能力，努力减少损失。"

渡尽劫波

为了妥善处理危机，费班克把重点放在他所说的

"两个关键要务"上:"首先,我们要挺身而出,抵御经济风暴,积极管控信贷风险,建立更强大的资产负债表;其次,我们要坚持不懈提升公司的竞争力,坚决打赢经济衰退的阻击战。我们公司的每个行动都不能与这两个关键目标背道而驰。"不过,第一资本的财务业绩最终还是在经济危机中受到了影响。

尽管在危机爆发两周后,第一资本报告的数字还在看涨,但到年底,情况却发生了天翻地覆的变化。费班克写道:"2008年,第一资本的净营业收入为8.95亿美元,股价2.28美元,不包括与汽车金融业务萎缩相关的8.11亿美元的非现金商誉减记。兼顾商誉减记、停业和改制成本的影响,当年公司总收益为负增长4600万美元,或每股0.21美元。收益同比大幅下降,主要是由于我们的贷款业务的冲销增加,以及未来12个月经济前景的恶化。鉴于2009年冲销激增,我们把贷款损失准备金增加了15亿美元。"

尽管出现亏损,费班克还是向股东保证,第一资本在2008年的总体表现相对较好:"我们的股东总回报率在标普金融指数中排名前20位。"

费班克表示,尽管充满挑战,但第一资本在2008年的进步可圈可点。他将这些归功于多年来他们做出的许多"经受住经济风暴考验"的战略抉择。这些重大决策包括业务组合、银行转型、减少对资本市场融资的依赖、资本与流动资金战略、提前退出作为北福克银行并购组成部分的绿点按揭业务。公司还在公共股票市场筹集了7.61亿美元的普通股,强化了资产负债表,使第一资本能在经济低迷时期灵活出击,抓住难得商机。费班克说:"我们的资产负债表仍然强劲,有400亿美元的即时可用流动资金,有形普通股本(TCE)年终比率为5.6%。此外,就资产负债表的资产而言,我们避免了其他银行经历的许多重大风险敞口,包括导致大规模、突然性的意外市值减记资产。"

> **"** 尽管充满挑战,但第一资本在2008年的进步可圈可点。 他将这些归功于多年来他们做出的许多'经受住经济风暴考验'的战略抉择。 **"**

费班克让投资者放心,他们的信用卡和银行业务的基本面仍然稳固。他表示,在经济萧条的一年里,美国信用卡业务在风险调整的基础上继续带来强劲的回报,仍能创造出10亿美元的净收入和17亿美元的资本。尽管存款市场竞争日趋白热化,但第一资本的存款总额增长了32%,净利差也有所扩大。第一资本年终存款总额为1090亿美元,赫然跻身于十大银行之列,已经成为美国排名第八的银行。

除稳健增长外,第一资本还开始采取积极的削减成本的措施,一举减少了4.45亿美元的运营费用。费班克将此归功于他所谓的"严格经费管理",称这是"抵销不断增加的信贷损失和提升股本价值的重要举措"。

抓住机遇,逆势上升

为实现多样化,第一资本准备进军银行零售业。就在2008年12月股市崩盘两个月后,第一资本宣布以5.2亿美元收购首都华盛顿特区的主要银行雪佛兰大通银行(Chevy Chase Bank)。这笔交易在2009年第一季度完成。当时,雪佛兰大通银行是华盛顿特区一流的银行特许经销商,那里也是第一资本的公司总部和发家之地。费班克认为,首都华盛顿特区是一个"强大而有弹性的银行业市场"。按人口计算,首都华盛顿特区是美国排名第九的城市,人口增长高于全国平均水平。当时,它的人均收入最高，失业率最低，位列美国前 20 大都市之首。费班克在谈到这次收购时说："我们很高兴雪佛兰大通银行将继续为当地拥有，华盛顿特区将依旧是美国十大银行之一的所在地。"雪佛兰大通银行主导着当地市场，拥有 244 家分支机构和 1000 多台自动取款机，其分支机构在被费班克称为"旺角"的地方随处可见，在首都独占鳌头。雪佛兰大通银行以 135 亿美元的存款份额排名第五，始终致力于不断投资开办大量新分行。费班克对这次收购表现出异乎寻常的热情。他说："这家特许经销商恰似螺旋弹簧，蕴含着无限的尚未开发的上行潜力。"

> **" 随着 2009 年临近，第一资本即将迎来 15 周年华诞。尽管经济旺势不再，但第一资本坐拥 3500 万个客户，成为'蜚声全美的品牌，品牌认知度高达 99%'。"**

为什么第一资本会收购首都地区的银行分行金融业务呢？费班克解释，这是为了最终改善第一资本的存款融资基础，扩充在当地银行业务特许经营权上的投资组合，扩大其银行业务规模。不过，这也是一个战略性品牌化举措。随着 2009 年临近，第一资本即将迎来 15 周年华诞。

尽管经济旺势不再，但第一资本坐拥3500万个客户，成为"蜚声全美的品牌，品牌认知度高达99%"。多年来，费班克一直致力于打造品牌、提出营销创意、投放行业领先的电视广告，因此他有充分理由相信，第一资本的品牌投资必有回报。费班克解释："品牌是我们与其他大银行的一个重要区分点，非全美数以千计的小银行所能企及。虽然在国内广告中主推信用卡，但我们的品牌并不局限于全国信贷。"

他相信，第一资本品牌的影响力最终将直接作用于本地银行业。费班克进一步指明："当我们把北福克银行分行重新命名为第一资本银行时，它在纽约市场上的品牌知名度和认知度显著提高。当我们在纽约地区投放第一资本银行电视广告、加大其他业务地区的营销力度时，品牌知名度和认知度更一路走高。"但是，费班克心里再清楚不过，品牌打响绝不仅是出于电视广告。"归根结底，只有当客户对我们的产品和服务产生难忘的体验时，我们的品牌才会与潜在的现实一样美好。"

> **"** 归根结底，只有当客户对我们的产品和服务产生难忘的体验时，我们的品牌才会与潜在的现

实一样美好。"

费班克深知客户期望什么——"随时随地进行任何产品交易",第一资本能为客户带来巨大便利和超值体验。无论使用信用卡、开立储蓄账户、在线操作还是进行实体交易,费班克都力求不辜负客户的期望。

有备无患,未雨绸缪

费班克在直面经济危机时,工具箱里最得心应手的工具或许就是做好准备。他说:"我始终坚信,公司在顺境时所做的抉择,将决定它在逆境时的命运。自公司成立伊始,我们就在业务组合、信用风险管控和资产负债表管理方面选择了一条保守道路,以使公司在顺境和逆境中尽可能地保持弹性。'未来可能比过去更糟、衰败可能始于明天',一直是我们的座右铭。多年来,我们一直孜孜以求地打造一家能够抵御严重衰退风险的公司。"

费班克算是押下了一个赌注,他说:"在经济低迷的同时,我们相信银行及其商业模式将被重新估值,赢家将获得高额回报。"他相信,保守持家的第一资本最终会为投资者带来福报。他接着解释，这主要是因为银行业转型和业务组合提供了发展弹性。作为上市公司，第一资本起初是一家专业的信用卡贷款机构。随着业务迅猛发展和多元化经营，它很快便挺进消费银行业务的其他领域，同时又在很大程度上规避了诸如抵押贷款这样的弹性较差的业务。

不过，费班克承认，在此期间，第一资本的专业贷款业务模式正在演变为行业标准。他认为，这种业务模式对资本市场融资过度依赖，使其具有潜在的脆弱性。"花好月圆之际，"费班克总结道，"资本市场是取之不尽、用之不竭的资金来源，但在月黑风高之时，我们认为，低迷的经济可能趁着资本市场长期处于乱局向融资行为发起挑战。资金好比氧气。在 98% 的时间里都腰缠万贯并不管用。"因此，他从一开始就计划通过收购银行来减少自己对资本市场的依赖，以便提供稳定的存款资金，为公司的长期增长做好准备。

如前所述，此举最初遭到外界的质疑和批评。第一资本收购了路易斯安那州最大的银行恒亚银行。这家银行在得克萨斯州高端市场的占有率越来越高。随后，第一资本又于 2006 年收购了北福克银行。对这两家银行的收购从一开始似乎就不合时宜，首先是有卡特里娜飓风作祟，然后是有次贷金融危机作梗。但是，与批评者和唱衰者相比，费班克还是领先了一步。他说："我们进军本地银行业的举动恰逢其时。2007年4月次贷危机爆发后，资本市场开始关闭，此后一蹶不振。在严峻的经济形势面前，无法获得零售存款的金融公司面临着巨大的融资压力。此外，我们进入银行业的目的，是将公司的业务集中在银行业最赚钱和最具弹性的两个部分——信用卡和存款。我们从这一选择中获益颇丰。"

就此而言，尽管没有一家银行或企业能够免受周期性经济轮回的影响，但由于精心选择业务组合，向银行业扩张，绕开风险投资，规避资本市场波动，第一资本似乎能够独善其身。

与患难之交的客户做生意

尽管如此，第一资本清楚地意识到，它的业务的核心是那些在经济衰退中步履蹒跚的客户：他们不幸丢掉了饭碗，囊中羞涩，甚至连退休基金也所剩无几，身处债台高筑的困境。第一资本对此早有准备。费班克说："20年来，我们在承销过程中一直把经济严重恶化当作假想敌，以便当经济真的出现衰退时，我们公司不但能够扛得过去，而且还能茁壮成长。"不过，鉴于经济陷入低谷，第一资本也在实时调整模型和流程，收紧承销，并视需求积极干预信贷表现。

在当年的年报中，费班克向投资者保证，他不会对拖欠账户听之任之："我们将继续集中精力催缴并收回不良贷款，提前与拖欠客户联系，加大力度，采用新手段来使客户重回正轨。"在商业银行业方面，他重组了贷款业务部门，以应对银行自有资产的增加。所有这些都意味着人们失去了家园和工作，无力支付账单，危机四伏。费班克清楚地意识到他需要给投资者吃定心丸，告诉他们第一资本正在尽其所能地维持业务的正常开展，但他很快指出，他并没有忘记自己业务背后的血肉之躯——客户。他说，这不仅是为了改善信贷模式和加大回款力度，而且"也是为让那些自觉人性羸弱、尊严丧失的客户得到善待"。第一资本一直有困难客户援助计划，但在2008年，它实施了更多的利息减免、利率下调及其他措施，来帮助客户履行还债义务。在费班克看来，"确定因人而异的解决方案，以协作方式回应客户的问题，这对每个人来说都是一种胜利"。他的最终目标并不像批评者说的那样，从穷人或被压迫者身上揩油，而是帮助客户挺直腰杆，重新站立起来，消除冲销（取消客户无力偿还的债务）并减少对其信用评分的危害。这也是第一资本改善客户关系、建立信任、提升客户忠诚度的另外一个良机。

> **费班克清楚地意识到他需要给投资者吃定心丸，告诉他们第一资本正在尽其所能地维持业务的正常开展，但他很快指出，他并没有忘记自己业务背后的血肉之躯——客户。**

虽然第一资本希望贷款给合格的贷款人，而且知道可以从这些贷款的利息中赚钱，但也明白，严格贷款的基本前提是客户必须愿意并且有能力偿还贷款。费班克写道："发放不良贷款损害了客户、第一资本和我们的投资者。"他决不会为了眼前利益而牺牲长远利益。换言之，第一资本将在整个经济低迷时期对登记贷款保持选择性，但绝不会忽视为客户服务。

因此，尽管经济深陷谷底，但第一资本在 2008 年仍斥巨资改善客户基础设施，通过推出移动银行、交易欺诈预警、安全电邮和奖励措施来提升线上服务功能。它还推出并完善了第一资本信用卡实验室。作为互动式线上信用卡市场，信用卡实验室允许客户选择对其最重要的功能组合，包括利率、年费和奖励选项，还允许客户通过上传图片或照片来制作个性化信用卡。这些图片或照片可以用作信用卡封面，无论全家福还是心爱的宠物照均可。费班克说："信用卡实验室深受广大客户的欢迎。他们喜欢超出价值的体验、透明、方便和操控感。"

2008年，第一资本在创新的旅行奖励计划中添加了新的无障碍奖励卡。该卡提供双倍里程，享有极大的灵活性，可以兑换任何与旅行相关的费用，如航空公司、酒店、邮轮和租车的关联费用。第一资本也为小企业客户提供了同样的服务，推出了一款无障碍里程卡，为企业家提供旅游和娱乐服务的双倍奖励。

第一资本还扩大了信用卡以外的奖励。2008年，它推出奖励支票账户，使客户能够在商场购物、用借记卡购物、提现和线上支付等日常金融活动中快速、轻松地获得奖励。

与时俱进，应对法规变化

随着经济危机的爆发，翻天覆地的变化接踵而至。

2008年,美联储宣布了新的贷款规则,定于2010年在全行业实施。贷款新规使大多数贷款机构的成本陡增,第一资本却能随遇而安,在一定程度上并未受影响。例如,除其他限制外,新规还叫停了饱受诟病的双周期计费和"普遍违约"(发行人因客户贷款行为或征信机构评分变化而提高利率)等做法。在费班克看来,这些规定对第一资本颇为有利。他自豪地称:"我们压根儿就没有干过那些遭禁的事情,包括双周期计费和普遍违约。几年前,我们主动在业内推出了客户友好型重新定价政策。我们走的是一条合规大道。在这个行业被放到聚光灯下审视之前,甚至在新规酝酿之前,我们就已经做出了许多正向的改变。"

把危机中的员工放在心上

在许多公司忙着裁员、员工怨声载道的时候,第一资本依旧在全力打造企业文化,积极提振团队士气,不失时机地向优秀的员工表达谢意。费班克说:"我们第一资本拥有的最大特许经营权,不是信用卡特许经营权或银行特许经营权,而是我们的员工。第一资本的优秀员工在其有生之年处于最具挑战性的行业和经济环境里。他们没有畏缩不前，而是顽强拼搏，重新定位，为未来的崛起而努力。"

费班克经常说，作为首席执行官，自己最重要的工作就是"招募优秀的员工，营造可以培养优秀员工的环境"。每逢提起员工，他的自豪感油然而生，为他们所尽的社会责任点赞，毕竟他们中的许多人为社区奉献了数万小时的宝贵时间。不过，费班克补充道："我们的员工奉献的并不只是时间和金钱，还有他们的聪明才智。"那一年，第一资本继续努力提供金融教育，这次面向的是儿童。第一资本与国际青年成就组织（JA）合作，创建了一间名为"金融园"的创新流动教室，让孩子们通过角色扮演来学习管理家庭预算。用费班克自己的话来说，这项活动在弗吉尼亚州费尔法克斯县一鸣惊人，吸引了八年级1.2万名学生参与。除"金融园"外，第一资本还在纽约福特汉姆（Fordham）领导学院下辖的一所公立学校里开设了首家全面运营的银行分行。该分行由学生经营，影响巨大，连货币监理官和联邦储蓄保险公司（FDIC）负责人都前来参观。

低谷时期的奖项和荣誉

尽管不愿以奖项的多寡来评判公司，但费班克承认，他只是用外界的认可来验证自己公司的表现。2008年，尽管银行业遭受重创，但在《财富》杂志的"最佳领军企业"排行榜上，第一资本位列北美第二、全球第五；戴夫·托马斯（Dave Thomas）收养基金会（DTFA）还将第一资本评为全美最有利于收养的工作场所之一，因为它有慷慨的收养补偿和育婴假计划；第一资本还被《多元化公司》（*DiversityInc*）杂志评为美国多元化公司50强之一；非异性恋群体（LGBTQ）高度评价第一资本的"文化和政策"，其中包括增加工作安排替代性和流动性的"弹性工作"计划，并对其为工薪家庭提供的工作灵活性大加赞扬。其他公司都在伺机裁员，但第一资本仍然舍得在员工身上投资，打造吸引"各行各业优秀人才"的环境，让他们投靠自己。

尽管直面重重困难和一场无法预测的严重经济衰退，费班克却对自己的公司深信不疑，知道它完全有能力渡过难关。费班克说，第一资本的核心价值观是"优秀"和"做正确的事"。他确信，通过践行价值观，坚持原则，第一资本不仅能够渡过劫难，而且还会健康成长。

费班克是对的。第一资本确实经受住了暴风骤雨的考验。2011年，大难不死的第一资本开始积极抓住机遇进行大规模扩张。然而,当第一资本开始收购荷兰国际集团美国直销银行时,却无意中把自己抛到了政治风暴的中心。一夜之间,这家"初创企业"卷入了"大到不能倒"的争论之中。

银行业与大到不能倒的政治潜规则

阿伦·伯尔和亚历山大·汉密尔顿并不是最后两个就银行业的政治和优点以及银行业对"消费者、社区或整体经济"的影响进行争论的人。2011年6月,当第一资本宣布拟收购荷兰国际集团美国直销银行的计划时,政敌和批评人士纷纷跳出来竭力反对这一举措。美国马萨诸塞州代表巴尼·弗兰克(Barney Frank)要求美联储"加大对第一资本拟以90亿美元收购荷兰国际集团美国直销银行行为的审查力度"。在致时任美联储主席本·伯南克(Ben Bernanke)的信中,弗兰克要求美联储举行公开听证会,以"探讨此次收购对消费者、社区和整体经济的影响"。除此之外,弗兰克还要求美联储给公众留出至少"60天"的时间,让人们参与对这次收购的大讨论。

弗兰克之所以主张调查,是因为他相信这项收购计划

"将催生出美国第五大银行。仅凭这一点,就应当彻查此举对银行资产合并、合并银行的供贷及《社区再投资法》实施的影响。"弗兰克还对第一资本几年前进行的数次并购感到忧虑。

这封信还对第一资本的交易记录提出质疑,称消费者权益保护团体对其过去的收购表示关切。在一份支持弗兰克的声明中,全美社区再投资联盟主席约翰·泰勒(John Taylor)质问:"我们已经有四家大到不能倒的银行了,为什么还要成立第五家呢?"

在接受《纽约时报》采访时,第一资本发言人塔蒂亚娜·斯戴德(Tatiana Stead)称这种担忧毫无根据,并称收购"进一步降低而不是增加了我们的整体风险"。

第一资本致函弗吉尼亚州的美国联邦储备银行,对此做出了正式回应,认为自2011年6月公示以来,公众有足够的时间针对收购表达看法,没有必要延长收集意见期。信中说,第一资本在满足其服务的社区需求方面的可靠记录,可以从其下属银行国家协会第一资本银行(美国,COBNA)和国家协会第一资本(CONA)的社区再投资业绩中得到证明。如通告所述,银行的主要联邦监管机构在其最近的《社区再投资法》绩效评估中,将国家协会第一资本银行（美国）的绩效评为"优秀"，将国家协会第一资本的绩效评为"满意"。此外，荷兰国际银行的社区再投资表现在储蓄机构管理局的最近一次评估中被评为"优秀"。第一资本还称，其实施了"稳健的合规风险管理体系，以确保恪守公平信贷原则及其他消费者保护法规"。第一资本还列举了能给消费者带来的诸多好处，如荷兰国际集团银行目前不能提供的众多存款和贷款产品，包括固定利率住房按揭和密布的自动取款机网络。最终，美联储对第一资本的并购不持异议，它可以收购荷兰国际集团美国直销银行。

2012 年 2 月，第一资本正式宣布，以 63 亿美元约合 5400 万股第一资本股份的价格（相当于 9.7 成股权），完成了对荷兰国际集团美国直销银行的收购。总部位于特拉华州威尔明顿（Wilmington）的荷兰国际集团美国直销银行，是当时美国最大的直销银行，致力于"激励美国成为储蓄之国"。对费班克而言，他对事情的结果感到满意。这次第一资本成了不折不扣的经营抵押贷款业务的银行。在街谈巷议不绝之时，第一资本终于敲定了收购计划。在一份新闻通稿中，费班克一反常态地为收购荷兰国际集团美国直销银行进行了连篇累牍、措辞强硬的辩护，以消除因弗兰克发动调查可能引发的消费者的所有疑虑:"收购荷兰国际集团美国直销银行,预计将在短期内带来令人信服的财务业绩,同时提升我们持续为客户、社区和股东创造价值的能力。第一资本拥有大量全国规模的贷款业务,本地银行业务在颇具吸引力的市场上已成气候,更不用说强大的民族品牌、经过验证的分析能力以及数以千万的客户关系。荷兰国际集团美国直销银行带来了全美领先的直销银行特许经营权、逾700万个堪称早期数字金融实践者的忠实客户,以及遍及全美的成熟的银行业务。总之,我们完全有能力通过强强联合在银行业发展前沿实现弯道超车,并通过超级回报、强劲增长和不断生成资本,为股东持续创造价值。"

荣誉

除收购荷兰国际集团美国直销银行并正式进军 D2C 银行市场外,第一资本在 2012 年还有其他斩获。市场资讯公司捷笛(J. D. Power and Associates)授予其"杰出客户服务奖";《财富》杂志将其评为"100 家最佳雇主"之一;同年,调查机构公民 50(Civic 50)将其评为美国最具社区意识的50家公司之一。此外,在标准普尔500强企业最能利用自己的时间、能力和资源来改善所在社区生活质量的排名中,第一资本还首次跻身综合排行榜。这项调查是由全国公民大会(NCoC)、全美公民参与专家组织"光点"(Points of Light)与彭博社合作开展的。第一资本经受金融风暴的洗礼,走出了初创企业的狭小天地,登堂入室,自立于银行巨头之林。

而真正令人刮目相看的是,当其他银行都在苦苦挣扎之时,第一资本却在最大限度地抓住有利商机,在战略上而不是在战术上寻求代理商和消费者的认可。第一资本深谙兵贵神速的道理。虽然可以给自己一个喘息的机会,但在金融海啸中死里逃生之后,费班克还有很长的路要走。他参加了两次"加时赛",短期也没有离开"冰面"的计划。事实上,反对者和唱衰者的再次鼓噪并没有让费班克灰心丧气。他的脑海中浮现出很多想法,不仅有数字银行,还有云银行,亟待实测,让消费者验证。

"数字化不是一个渠道,而是一种生活方式。"

—— 理查德·费班克

第四章

变化中的技术
创新银行解决方案

2012年12月,子夜。在德国高速公路上,银行业发生了众所周知的巨变。一位名不见经传的企业家、荷兰金融科技初创公司欧朋(Ohpen)的老板一生中最重要的一笔交易即将达成。克里斯·扎德(Chris Zadeh)和妻子在前往瑞士策马特(Zermatt)过圣诞节的途中,接到了总部位于西雅图的网络电子商务公司亚马逊的电话。合同即将获批,他与成功只有咫尺之遥。扎德必须搞定这单生意,如果功亏一篑,他将失去价值数百万欧元的公司,还有过去三年苦心经营的核心引擎"云银行"。对他造成阻碍的是所有相关各方,即托管云服务的亚马逊网络服务公司(下简称"亚马逊")、希望利用其服务的荷宝投资管理集团(Robeco)和荷兰中央银行(DNB)。而荷兰中央银行的责任，是确保所有荷兰银行及其供应商（例如欧朋）遵守欧盟银行业的法规。

与所有银行一样，荷兰中央银行有权对荷宝投资管理集团进行审计，这意味着它也可以审计其供应商，如为其提供银行软件的欧朋。由于欧朋使用亚马逊网络云服务来托管其软件，这意味着荷兰中央银行还需要审计亚马逊。如果扎德想与第一家云银行敲定合同，荷兰中央银行必须批准扎德的公司把亚马逊作为"材料分包商"，这意味着亚马逊将不得不改变其原来的合同条款，把"审计权"纳入其中，进而无疑打开了潘多拉盒子，也就是说，外部实体可以审计或访问其云服务器上的信息。

这是一个异常复杂、令人纠结和敏感的问题。倘若亚马逊反对这种审计权，那么荷兰中央银行就不会批准荷宝接受亚马逊的云服务。当然，亚马逊不想让任何客户的权利受到侵犯，也不愿任何外人来窥探其知识产权。几个月来，扎德与各方代表和律师争吵不休。他的首要任务是做通亚马逊的工作，修改标准合同条款，允许荷兰中央银行在亚马逊服务器上进行审计。扎德说："如果我们做不到这一点，就不会有云银行业务，因为欧洲国家的央行会百般阻挠。"这是一项艰巨的任务。

扎德的公司在当时鲜为人知，压根儿就没入亚马逊的法眼。纵然如此，扎德还是联系上了亚马逊的首席技术官沃纳·沃格斯（Werner Vogels）。说来也巧，对方恰好也是荷兰人。扎德清楚亚马逊所处的窘境，对他说："假如您还舍不得丢下金融服务市场这一块，就只能这么做。我知道在您看来我们是不入流的小不点儿，而亚马逊肯定更愿意为美洲银行这样的巨头提供云服务。但无论您要和谁签约，世界上任何一个监管机构都不会放弃审计权。如果无视这个审计权，您就没办法和任何一家处于金融监管之下的公司合作。"扎德一边开夜车，一边守着电话，一边与同事莉迪亚·范德沃特（Lydia van de Voort）一起向签约的最后阶段冲刺。莉迪亚已经从阿姆斯特丹的一个圣诞晚会上抽出身来，在滴水成冰的天气里跳上自行车，一路飞奔到办公室，通过电话逐行核对合同。破晓时分，交易完成，各方皆大欢喜。银行破天荒地坐上云端，更确切地讲是坐上了亚马逊的云服务器。云银行已然成为现实。

这究竟意味着什么？尽管屡遭误解，但"云"并不难解释。"云"不是一个物理的东西，而是一个虚拟的世界。它依赖遍布全球的庞大远程服务器网络。这些服务器彼此相连，可以作为一个单一系统来运行，以便存储和管理数据、运行应用程序、提供内容或服务。大多数人每天都使用"云"来播放爱不释手的奈飞（Netflix）节目，玩水雷艇（Minecraft）游戏，阅读电子邮件和查看照片墙。当我们置身云端时，我们并不需要用个人计算机或本地服务器网络访问数据或文件，而是可以在任何支持互联网的设备（手机、笔记本计算机和平板计算机）上在线访问这些数据或文件。信息随时随地可用，堪称海为龙世界，云是鹤家乡。

2008年，从某种程度上讲，大多数人只是听说过"云"，没有人，更不用说银行，想到过要在云端处理和存储财务数据。直到2012年，还没有一家银行在云端使用生产数据或应用程序。更确切地说，世界上每家银行都在内部建有自己的平台，或者称之为传承系统。扎德认为其效率极低，他说："（银行）购买或开发软件，然后雇用开发人员、应用程序经理和系统工程师来构建、更改、修补和维护软件。他们将公司的所有信息都存储在自己数据中心的巨型计算机中。基本上每家银行每次建立自己的银行系统时都会做重复劳动。"那么结果呢？通常会问题频现，浪费了大量的时间、人力和物力。将客户集成或迁移到新平台的成本高昂，而且往往是一场物流噩梦。他相信云技术将能把这些开支降至最低。费班克不认识,也从未见过扎德,但两人英雄所见略同。

数字化银行

与此同时,在弗吉尼亚州,第一资本与荷兰国际集团美国直销银行的一体化进程正在紧锣密鼓地进行当中。就在亚马逊和欧朋达成交易两个月后,2013年2月1日,第一资本宣布推出它的直销银行品牌——第一资本360,即重新命名的荷兰国际集团美国直销银行。第一资本接手了该行3000多个客户接触点。当然,第一资本的当务之急不仅是品牌重塑,还有基础设施建设。除了收购荷兰国际集团美国直销银行,他们还收购了汇丰银行(HSBC)的美国信用卡业务。费班克在2013年的年报中解释:"并购汇丰银行美国信用卡业务的一大重点,是将该业务的系统和运营与母公司分离,与第一资本的基础设施进行整合。"将银行和客户信息整合到一个为所有银行服务的核心引擎平台上,需要费班克所谓的"深度行业专业化"。但他认为:"在过去20年中,我们一直是银行业发展的排头兵。我们已经完成了自我转型,将随着金融服务业的发展开展有效的竞争,不断提供物超所值的客户体验。"

他解释,2012年完成的收购对这一转型不可或缺,因为此举为第一资本提供了"核心存款、全国范围业务、资产获取渠道,以及强化的数字和客户服务能力,从而为第一资本的未来市场竞争奠定了坚实的基础"。费班克清醒地认识到,金融服务业已经步入了快车道。直接银行业务、移动银行业务和云银行业务只是其中一部分。他说:"洞察世界的发展趋势,锁定成功的终极目标,将仍是公司管理的重中之重。"

全国整合

除改变基础设施和银行业的运作方式外,全国整合也继续塑造着金融服务业。多年来,费班克(在他撰写的长篇年报中)一直预测,全国整合的最早阶段"不是一次一家公司,而是一次一种产品"。他说,信用卡、汽车金融和网上经纪业务都被规模优势日益增强的全国玩家从传统银行中剥离出来。他进一步预测,目前高度整合的产品和业务,基本上没给不具备全国规模的地方和地区玩家留出涉足的空间。他发现了机会的影子:传统存款银行在全国范围内的整合速度虽然较慢，但大势所趋，不可阻挡。在他看来，全国规模的直销银行已不可避免。他写道："我们拥有庞大的全国性客户群，包括通过并购荷兰国际集团美国直销银行带来的750万个热情的'早期数字金融践行者'。"如今大多数人已经习惯了手机银行业务，很难想象大多数人在2012年仍通过银行或自动取款机存款。2012—2013年，账户之间（更别说人与人之间）的数字转账，还是"天方夜谭"。

2013年，第一资本已经拥有了美国最大的互联网银行，但费班克并没有准备好与当地传统存款银行和商业银行业务分道扬镳。他不无自豪地说："就这些业务而言，我们在当地做得还算风生水起，包括在有吸引力的本地市场上分支机构的表现。侧重发展大银行业务关系的商业银行业务也可说是可圈可点。"

> **" 2013年，第一资本已经拥有了美国最大的互联网银行，但费班克并没有准备好与当地传统存款银行和商业银行业务分道扬镳。"**

不用说，费班克看到了未来的发展方向就是数字银行。他也清楚，随着这一变化，公司结构及所需人才也必须与之相应。他解释："数字银行为我们提供了一个强大的员工招募平台。我们吸引了一流的数字人才，包括许多来自银行业外的人，他们都精通数字技术。"有了这些新人才加盟，第一资本开始重点关注应用程序和设计元素（包括线上付账的新设计）等面向客户的功能。它还推出了诸如"购物橡皮擦"（Purchase Eraser）等手机交易和新的应用程序。客户可以通过手机应用程序来"擦掉"以前下单的商品。同时，它也在持续推动数字技术创新。

2012年，第一资本数字实验室因其在金融服务方面的卓越表现，在50多个被提名者中脱颖而出，入选首届"高知特"（Cognizant）金融服务创新企业执行董事会奖。费班克希望所有的辛苦努力，都能助推第一资本"成为银行业数字化转型的领军者"。

将自己定位为"数字技术领军者"，改变了第一资本。费班克认为，"人们的工作、学习、交流和生活方式"都在发生改变。他充分意识到，软件和数字革命的力量创造或颠覆了整个行业。从一开始，费班克就知道银行业本质上是一种数字产品。正如第一资本首席信息官罗伯特·亚历山大在本书开头所说，"我们的主打产品是软件和数据，都是稍纵即逝的东西。"第一资本刚一出道便登上了数字化舞台，但费班克承认，金融服务业的数字化正处于燎原之势，其他银行正在赶上。而且，更为重要的是，对于消费者的需求，业内所有机构都应顺势而为。费班克承认："智能手机的惊人普及率和科学技术的迅速发展，正在迅速而显著地改变着消费者的行为。"消费者开始期待包括银行在内的所有公司都能提供"丰富的数字体验"。他还注意到，软件是消费者与银行互动的主要方式，这种互动只会与日俱增。显而易见的是，群雄逐鹿般的竞争不仅来自银行，而且来自"金融科技"公司。它们创造出了更新、更好的支付方式，也就是业内所谓的"支付空间"。

> **" 我们的主打产品是软件和数据，都是稍纵即逝的东西。"**

随着支付、软件和竞争领域的不断扩大，高效存储和应用海量数据的能力成为第一资本的利器。费班克说："最终，银行业的赢家将拥有世界级软件和信息公司的思维模式，以及多元化银行的规模和能力。要想在数字世界中鹤立鸡群，企业不能仅仅把数字业务当作其他业务的陪衬。"换句话说，只把"实体业务转移到线上和移动平台"是隔靴搔痒。如果哪家银行浅尝辄止,它就会坐失良机。"数字化不是一个渠道,而是一种生活方式。"费班克说,"在第一资本,我们将技术、数据、设计和软件开发融入工作方式中。我们的大部分精力都花在了构建伟大的数字技术公司上。"

为数字时代储备人才

从第一资本初创伊始,费班克就明确指出,"技术驱动型银行的创立始于人才"。2013年,第一资本开始加大对人才培训和扶持的投入,并在费班克称为"人才聚集区"的地方设立自己的工作场所,与旧金山、曼哈顿、芝加哥、得克萨斯州的普莱诺(Plano)和首都华盛顿等地的领先科技公司分庭抗礼。他们雇用更多的工程师、产品经理、设计师和数据开发人员,其中有些人来自银行业以外。费班克说,这样做是为"挑战传统银行业的运营方式"。他以一个金融科技创业者的口吻讲道:"我们正在使用迭代软件开发方法和现代架构来加速创新。我们正在精简我们的核心系统和应用程序,以更快地部署。开放源代码和云技术的使用正在整个公司范围内扩展。我们正在重新设计内部流程、运营模式和治理方式,以确保我们能够迅速、安全地进入市场。"这是第一资本首次提到调研和使用云技术。

当然,基础设施并非全部。第一资本还认识到,不能为可扩性或功能性而牺牲优秀的设计。消费者仍然需要简单、直观、便捷的应用程序。第一资本再次网罗拔尖人才,让他们尽最大努力使消费者满意。第一资本从包括斯坦福大学设计学院在内的著名教育机构和技术公司聘请顶尖的设计师,采用了注重用户体验的"设计思维"原则。这种设计方法注重与客户产生共鸣,随后快速开发和利用原型,以便对新想法进行测试。第一资本以"可用性实验室"为前提,建立了几个实验室,实时研究"让客户兴高采烈或垂头丧气的事情",然后对研究成果予以快速反应。2014年,第一资本收购了自适应路径(Adaptive Path)公司。这是一家总部位于旧金山的传奇公司,也是用户体验设计和端到端服务的先行者。

> **"数字化不是一个渠道,而是一种生活方式。在第一资本,我们将技术、数据、设计和软件开发融入工作方式中。 我们的大部分精力都**

花在了构建伟大的数字技术公司上。"

进入支付空间

2014年,第一资本继续专注于向客户提供数字产品和服务。随着"第一资本360"的推出,第一资本提供了一种简单的数字体验,但并没有故步自封,而是继续完善产品,开发新功能。同年,它开始与苹果公司合作,成为为数不多的几家参与推出苹果支付(Apple Pay)的银行之一。同年,它还推出了第一资本钱包。这是一款与苹果支付同步的移动支付应用程序,使客户能够下单、查看余额、跟踪支出并接收收费和提醒的实时通知。除此应用程序之外,客户还可以使用第一资本信用追踪器(Credit Tracker),利用这个免费的线上和移动工具查询自己的信用评分。该程序还可以用作模拟器,演示如何有效地管理个人信用,提高评分。第一资本还推出了免费服务项目"回头看"(Second Look)。它可以自动监测重复或非正常收费,并在收费发生时提醒客户。

充分利用社交媒体

与大多数在数字技术领域扩张的公司一样,发布广告和在社交媒体上刷存在感,是第一资本持续传递信息的重要途径。长期以来,作为成功的广告商和耳熟能详的电视广告品牌,第一资本加大了对社交媒体的广告投放和搜索引擎营销。与大多数公司一样,它使用社交媒体的目的,既是为流量和开展业务,也是为招聘、慈善活动和客户服务。它甚至创建"第一资本咨询台"(@AskCapitalOne),以便与客户实时对话。

利用技术来强化使命

"我们是一家专注于服务客户的使命驱动型公司,通过客户的成功来衡量我们的成功。"费班克说。他对此深信不疑,并在职业生涯中努力践行,但仍然遭到非议。费班克心里清楚为什么。他知道,许多银行的心思已经不在它们服务的客户身上,只盯着自己的腰包。经济大萧条、银行丑闻不断、庞氏骗局,以及关于"大到不能倒"的争论,只会加剧公众对银行的奚落和嘲笑。费班克承认,"很多人觉得银行是为自己,而不是为客户,这真的十分悲哀"。他认为自己的银行与众不同,坚称自己的最终目标是帮助客户获得成功。

费班克创建银行的理念是让信贷流程民主化,帮助客户省钱。他很清楚自己的公司是靠客户支付利息赚钱的,但并不急功近利,认为那样会损害客户的财务健康。对他来说,这意味着帮助人们明智地使用信贷产品。"我们努力帮助客户严格遵循四个重要原则:一是透明公平交易;二是不要过多借贷;三是按时支付;四是当场支付。"他知道,帮助人们明智地使用信贷产品有时意味着将潜在的利润抛在脑后,但这对他而言是一个"轻松的选择"。他说:"为客户做这样的事情无疑是正确的,也是我们建立持久客户关系的一种方式。"

随着业务走向全美,国内知名度和社会慈善责任也随之而来

尽管有声音批评第一资本现在是牛气冲天的"大银行",但随着创立将近25年,它正享受着这样一个不争的

事实：第一资本是银行业界乃至在美国最受认可的品牌之一。第一资本的促销活动有备受粉丝追捧的美国滑稽独角戏演员吉米·法伦（Jimmy Fallon）和著名影视演员亚历克·鲍德温（Alec Baldwin）助阵（尽管西哥特人的广告仍在全美播出）。第一资本几乎无处不在。它连续12年赞助"第一资本碗"赛事；2012年，成为美国大学生体育协会（NCAA）四强赛的赞助商。除营销和广告活动外，它还积极开展社区志愿活动。同年，第一资本员工参加志愿活动超过26万小时，为小企业主提供辅导，为首次购房者提供咨询，并传授个人理财基础知识。也就在同一年，法律、金融、信息技术和其他专业领域的员工为非营利组织提供了近6000小时的公益服务。

> **2012年，第一资本员工参加志愿活动超过26万小时，为小企业主提供辅导，为首次购房者提供咨询，并传授个人理财基础知识。也就在同一年，法律、金融、信息技术和其他专业领域的员工为非营利组织提供了近6000小时的公益服务。**

第一资本在并购荷兰国际集团美国直销银行期间，因缺乏慈善承诺而遭到批评，而第一资本发布报告称，2012年，其慈善捐款超过4500万美元，贷款和投资超过13亿美元，为"社区创造了9200所安全的经济适用房和1万多个工作岗位"。在飓风桑迪过后的短短几天时间里，第一资本就向当地和全国非营利组织捐赠了150万美元的善款，用于恢复重建工作。它还承诺向纽约市的一个项目捐款300万美元。该项目将向因飓风遭受财产损失和其他损失的非营利组织提供无息贷款。除继续鼎力支持退伍军人和军属国家优抚项目外，它还开始雇用退役军人。2012年，第一资本雇用了近500名退役军人，在接下来的三年里向美国商会"雇用英雄项目"捐赠了450万美元。此外，它还承诺投资80万美元，为期三年，对"赞助妇女经济独立"项目提供资金支持，为身为老兵、老兵配偶或老兵家庭伴侣的小企业主提供指导。第一资本敏锐地意识到，尽管手机无孔不入，但由于费班克所说的"教育、技能和财力方面的差异"，许多人仍然无法进入数字世界。为消除这一鸿沟，它承诺向社区项目投资1.5亿美元。它希望为当下和未来的工作岗位培训人才。

创建20多年，第一资本虽然站在了快速变化的银行市场的风口浪尖上，但仍然一如既往地做好了准备。它善加利用金融技术、银行核心业务、D2C、零售客户应用程序，摆脱传统系统，开始深度探索云服务业务，比以往任何时候都踌躇满志。但是，第一资本也要稳扎稳打，步步为营。

"作为首席执行官,我最重要的工作就是招募优秀员工,营造可以培养优秀员工的环境。"

—— 理查德·费班克

第五章 今日第一资本

吸取教训,着眼未来

2014—2018年是加速增长期,作为成长中的企业,第一资本确实需要打造新的发展空间。2014年,第一资本崭新的总部大楼在弗吉尼亚州麦克莱恩破土动工。在2018年竣工时,它成为弗吉尼亚州第二高楼(当然,仅次于历史悠久的华盛顿纪念碑)。然而,虽然这幢由美国豪科建筑事务所(HKS)和卡利森RTKL建筑公司设计的庞然大物面积940500平方英尺(约87375平方米),但仍然显得"捉襟见肘",难以满足公司日益增长的需求。该楼建成后,依旧没有足够的办公空间来容纳不断增加的员工。不过,话说回来,这座大楼也算应有尽有,包括标准篮球场、联邦快递、技术酒吧、户外露台、美食广场、表演艺术中心,甚至还计划开办韦格曼斯连锁超市。这座大楼和园区的设计旨在"增进协作和包容",比如在"着陆空间",员工可以离开办公区在这里进行面对面的交流。为打破"感知障碍",给人一种通透感,所有楼层都由拉链式楼梯连接起来。

大部分空间的设计都考虑到了公司变化、人员增长和灵活性。许多房间都设计成多功能或可扩展的。第一资本一直将自己视为"社区"的一部分,因此与当地社区合作建造一个空中公园也就不足为怪了,其中包括啤酒花园、狗公园、水景、游乐场、匹克球场、游戏广场、保龄球场等,不胜枚举。除了最先进的办公空间,这座大楼还实现了温室气体直接排放的碳中和。新办公楼的全部施工建设和大型装修都获得绿色能源与环境设计先锋(LEED)银级或更高级别的认证,而位于弗吉尼亚州麦克莱恩的新公司总部,更获得了 2019 年绿色能源与环境设计先锋金级认证。

> **"** 2018 年,我们投资的种子结出了硕果。果实就是 281 亿美元,每股收益达到了创纪录的 11.82 美元。**"**

由内而外,匠心独运

2019年,在致股东和友人的信中,费班克说:"对第一资本来讲,我们迎来了非同寻常的时刻。"他援引创纪录的收益和利润补充道:"2018年,我们的财务业绩得益于多年来对增长、投资和风险的管理。这些措施往往造成短期成本增加,但为未来的增长和财务回报播下了种子。2018年,我们投资的种子结出了硕果。果实就是281亿美元,每股收益达到创纪录的11.82美元。"费班克将第一资本的发展归功于"产品、技术、品牌和弹性方面的投资"。在作为上市公司成立25周年之际,费班克沉浸在一种他完全有权享受的喜庆气氛中。他看到自己的愿景成为现实,并提醒股东:

> 我们始终坚信,从信用卡开始,信息技术将引发银行业的革命。起初,信用卡是一种一刀切的业务,依赖承销商和营销人员的判断和决策。我们着手将"一刀切"转变为"大规模定制",在正确的时间、以正确的价格向正确的客户提供

正确的产品。我们相信，通过市场去平均化，我们可以粉碎信贷价格，使其实现民主化。我们的愿景并非局限在信用卡方面。我们认为，信用卡将是第一个被改造的银行产品，因为它属于在全国范围内直销，在做出正确的营销和信用风险决策方面能起到很大的财务杠杆作用。我们相信，如果能创建一家具有这些能力的公司，我们就将成为最终席卷整个银行业的数字革命的先驱。我们的口号是，"创建从事银行业务的科技公司，与应用科学技术的银行进行竞争"。

打造原始金融科技

费班克完全有权断言，正如其身体力行的那样，第一资本是原创"金融科技"公司（尽管在其初创时期，金融科技甚至谈不上是一个术语）。他在信中感叹，知易行难，好在"我们比客户更有激情，比信徒更有信心"。他回忆起自己早期领导初创企业打拼的经历，遇到过许多企业家今天同样面临的障碍："白手起家，招兵买马，创建现代技术，反复测试，孵化成果。"他承认，虽然最初的想法只是灵光一现,他却经历"五年的孤独"才多少品出了成功的滋味。站在 20 多年后的历史拐点上,他终于可以自豪地讲,第一资本是当之无愧的"美国最大的信用卡公司之一"。

它们还在英国和加拿大进行国际扩张。虽然 15 年前才涉足银行零售业务,但第一资本已经是美国第五大消费银行和第八大银行。

费班克在谈及经济危机(他称之为大衰退)和数字革命时指出,旧的行业销声匿迹,新的行业层出不穷。随着数字革命的加速推进,银行业和某些行业惊慌失措,而第一资本却"欢呼雀跃"。费班克清楚,第一资本从来都是在不断变化的行业结构中勇入虎穴的。他说:"这是我们一贯的作风。"尽管 2012 年多数行业都在死亡线上挣扎,在经济衰退中步履蹒跚,但第一资本却在大举收购其他企业。第一资本俨然已经把自己看成了局外人。

"为把握银行业的未来,"费班克写道,"我们没有关注银行业的运作,也没有研究其他银行的作为,而是转向探究科技如何改变人们的生活。我们痴迷于谷歌能在眨眼之间查到世界任何地方的任何信息;我们沉醉于位智(Waze)导航能立即找到最快的路线,并在交通状况发生变化时马上调整路线；我们惊诧于奈飞能找到一部你喜欢的电影，尽管你闻所未闻，并没有想到找它。"费班克认为，所有公司与第一资本共享的东西，都是"实时和智能的"。换句话说，它随时为世界上任何地方的客户量身定制，提供即时的解决方案。

> **费班克认为，所有公司与第一资本共享的东西，都是'实时和智能的'。换句话说，它随时为世界上任何地方的客户量身定制，提供即时的解决方案。**

创建"实时智能"银行

随着客户开始适应并期望生活各方面都能享受到"实时智能"服务，他们希望银行业也能如法炮制。但是，费班克说："银行不是为提供实时智能解决方案而创建的。事实上，它的用途恰恰相反，依赖专为优化批处理的传统技术。它采用复杂的人工流程，在组织筒仓中运行。许多企业对变革采取抗拒的态度。"他承认，尽管拥有一流技术、专有技术和顶级人才，但即便是20年前围绕技术和信息而创建的第一资本,也并非为迅速转向实时智能解决方案的世界而生。

费班克观察到"冰球"在移动,他又一次有备而来。2012年,经济危机出现拐点,忙于收购的第一资本也在用其"基础技术"重建自己的银行。尽管早在20年前第一资本就做到了这一点,但世界发生了巨变,它和"几乎所有的美国企业"都由于"技术人才不足和过时的基础技术、数据生态系统和工作方法"而陷入困境。费班克进一步解释,在那之前,美国企业应对变革的通常做法是,从自己所处的位置继续前行,而不是折返到技术能达到的地方出发。他认为,这导致技术在低水准徘徊,只是"在过时的基础设施上将模拟活动数字化或构建面向客户的应用程序"。费班克说,大多数公司只是"将新技术捆绑到旧业务上,或试图将现代技术和创新有选择地限制在部分业务上"。他知道,这些徒劳无功,也不会在未来几年给第一资本带来什么竞争优势。他需要做的是,对银行业的整体运作方式重新思考,建立起一套能够助推银行业大发展的技术。第一资本义无反顾地投入其中。

构建人才梯队和业务流程

多年来,第一资本一直自认为是一家以从事银行业务为主的科技公司。换言之,它的主攻方向是软件和数据。第一资本没有雇用稳定的金融专业人才队伍,而是专注于打造具有科技实力的公司。2018年,第一资本85%的技术员工都是工程师,拥有先进的技术战略和现代数据工作环境。

像许多软件和金融科技公司一样,第一资本采用了"敏捷管理"的做法,并且不限于软件交付。尽管在软件公司中敏捷管理的说法司空见惯,但大多数人对这一术语并不熟悉。它主要指一种项目管理风格,支点在于具有主观能动性的个人之间的互动,而不是过程和工具,着力点是工作软件而不是文牍(亦称官僚作风),是客户协作而不是合同谈判,是回应变化而不是墨守成规。它主要是项目规划流程中的一种迭代方法,意味着项目以小部分或迭代形式完成。然后,包括项目利益相关方代表在内的项目团队再对每个部分或迭代内容予以评议。

从评议过程中获得的所有意见,都将在确定项目的下一步走向中被用来参考。敏捷管理的主要好处是，能够实时、智能地响应在整个项目流程中出现的问题。在第一资本，采用这种方法的不只是软件团队，许多部门，甚至连法律和审计部门都借此来完成工作任务。除敏捷管理外，第一资本还采用了"运维文化"，运维在初创企业和金融科技领域也是通用术语。运维带来了"谁构建谁拥有"的思维模式，但它真正的含义是，成组软件开发流程和信息技术操作相结合，以缩短和强化对系统的研发。如此设计，旨在快速交付某种特性、修复漏洞和更新，并要求团队从头到尾协同工作。尽管第一资本是一家实至名归的大企业，但它的运作方式却俨然像小型软件初创公司。

云基础设施构建：优势与风险

到 2018 年，第一资本的绝大多数业务操作和面向客户的应用程序都在云端运行，技术人员借此可以让用户获得实时、智能的体验，从而意味着第一资本可以进行实时监控、访问和开发，并使用云基服务器进行扩展。有了亚马逊网络服务的帮助，第一资本可以存储的数据量便毫无限制。并非所有的云服务器都一样。第一资本使用的亚马逊网络云服务堪称世界上最好、最安全的云服务之一。这就是说，作为供应商，亚马逊对第一资本云存储数据的安全负责。虽然有多个协议和警报系统用来保护客户数据安全，但谁都无法做到百分之百安全，特别是当人为因素涉及其中的时候。

2019年7月29日，第一资本发表声明，声称发现安全隐患，当天发生了一起"未经授权侵入"的事件。亚马逊网络服务监控系统在发现这一破坏行为后通知了第一资本。第一资本在声明中承认，未经授权的访问使美国和加拿大1.06亿人的数据泄露。第一资本摸清情况后立即向美国联邦调查局报案。不久，联邦调查局告知第一资本，身为软件工程师的亚马逊的一名前雇员应对此次黑客攻击事件负责。

亚马逊就此表示，黑客曾受雇于自己与黑客攻击行为无关。虽然此人曾经是亚马逊的员工，但早已于2016年离职。据亚马逊称，此人作案利用的是第一资本设计的网络应用程序的错误配置，而不是亚马逊设计的云基础设施。亚马逊进一步指出，自己的网络服务没有受到任何形式的损害，仍在按设计功能正常运行。

上亿人的数据泄露，消息一出，全世界陷入了恐慌。

很快，怒不可遏的人们开始斥责云服务和亚马逊。尽管亚马逊声称自己的云服务是安全的，而且认为那个前雇员使用的黑客技术可能被任何人（至少是任何黑客）利用，但这种说法并没有让人们，尤其是那些黑客攻击的受害者感到些许宽慰，反倒在一些客户的心目中强化了自己的看法：存储在信用卡公司里的个人信息并不安全。此外，客户还对第一资本在事发两周之后才通知他们感到愤怒。几名第一资本的客户纷纷借助推特来发泄自己的不满："我有一张第一资本信用卡。黑客这事我还是从《华盛顿邮报》上知道的。第一资本咨询台到现在也没给我发道歉邮件。""第一资本是不是把客户都蒙在鼓里？""一个黑客攻击的通知，让客户等这么久正常吗？"

美国联邦法律并没有要求以数字方式存储客户数据的企业向人们通报黑客行为，尽管大多数州具有与加州2002年法律一致的规定，即"通知不得无故拖延，必须在最有利的时间内发出并符合执法需要"。

在2019年7月29日的新闻通稿中，费班克辩称："我们能够诊断、修复漏洞并评估其影响的速度，这是由我们的云操作模式决定的。"不过，他没有解释为什么要花如此长的时间才让公众知情。假如能马上得到通知，公众就可以及时更改密码,监控账户变化,保护自己的信息。

费班克承认了第一资本的过错,并承诺做出赔偿。他说:"虽然黑客落网令我放下心来,但我对发生的一切深表歉意。同时,对这一事件可能给受影响的人造成的忧虑表示诚挚的歉意。我将全力纠偏,改正错误。"费班克向客户保证,没有任何信用卡账号或登录凭据遭到泄露,99%以上的社会安全号码根本没有泄露。他进一步解释,被黑的最大类别信息,是2005—2019年年初消费者和小企业申请第一资本信用卡产品时产生的信息,即第一资本在收到信用卡申请时定期收集的个人信息,包括姓名、地址、邮政编码、电话号码、电子邮箱、出生日期和自报收入。除信用卡申请信息外,黑客还获得了部分信用卡客户数据,包括客户状态数据,如2016年、2017年和2018年共23天的信用评分、信用限额、余额、支付历史、联系信息和交易数据片段。

数据泄露之后

第一资本采取措施,通过各种渠道通知受影响者,并为所有受影响者提供免费信用监测和身份保护。费班克写道:"保护客户信息是金融机构义不容辞的责任和使命。我们在网络安全方面舍得投入,并将继续加大投资。第一资本将深刻吸取这次事件的教训,全面加强网络防御。"

虽然确保客户数据安全是首要任务,但费班克和第一资本必须让股东放心,这次黑客事件不会产生重大财务影响。费班克称:"我们预计,这一事件将在2019年催生约1亿~1.5亿美元的增量成本。预期成本主要来自客户通知、信用监控、技术造价和法律援助。我们预计2019年将增加客户通知和信用监控成本。与该事件相关的预期增量成本将作为调整项目单独报告,因为这与公司的财务业绩有关。"最后,费班克得出的结论是,第一资本在网络安全方面已经并且仍将继续加大投入。当然,公司也为此类事件投保。新闻通稿称,第一资本支付了1000万美元的免赔额,保险限额为4亿美元。

> **这对第一资本来讲是一场阵痛,但给其他拥有客户数据的企业实体敲响了警钟。这个黑客事件充分表明,亚马逊网络云服务过去和现在都是安全的。事实上,这也是第一资本第一时间就能接到黑客入侵警报的原因。**

没人知道那个亚马逊前员工为何将攻击目标锁定为第一资本。据媒体报道，该员工似乎有严重的焦虑症，无法正常工作。（截至本书付梓之际，对此案的调查仍在进行之中。）已经坐实的是，她不仅攻击了第一资本，而且还图谋侵入另外几家公司的数据库，窃取用户信息。不过，她从未访问过银行账户或出售过窃取的数据。她确实在吉枢（GitHub）代码托管平台上发布了被盗的第一资本文件。第一资本一经察觉，便修复了被黑客利用的配置漏洞，迅速与联邦执法部门进行合作。

这对第一资本来讲是一场阵痛，但给其他拥有客户数据的企业实体敲响了警钟。这个黑客事件充分表明，亚马逊网络云服务过去和现在都是安全的。事实上，这也是第一资本第一时间就能接到黑客入侵警报的原因。它还表明，费班克和第一资本愿意承认错误，永远为客户做正确的事情，通过强化技术手段来为客户信息的安全保驾护航。

打造现代数字工具，提供更优质的客户体验

这一时期第一资本的跑马扩张和云端业务也绝非乏善可陈，特别是其线上和移动客户服务平台可圈可点。2017

年和2018年,第一资本因享有"美国银行应用程序总体最高满意度"而荣膺捷笛奖。除手机银行应用程序外,它还提供其他客户服务。第一资本面向所有人推出智慧信用(CreditWise)免费应用程序,而不只是限于自己的客户。这一程序旨在帮助消费者监控自己的信用变化,为客户提供了解和提高信用评分所需的工具。它还保护客户免受身份盗用和欺诈的影响,帮助监控交易,使客户能够快速做出决定。该程序了解客户的消费习惯,掌握他们的意外之举,如双倍付款、支出陡升、账单激增、意外小费或反常购买。由于每次使用信用卡时都会收到实时购买通知,客户可以主动保护自己的财务健康和身份。如有可疑活动,第一资本可以立即锁定该卡。

第一资本咖啡馆开门迎客

到2019年,第一资本提供的每项银行服务都可以通过数字网络或应用程序获得。在任何一台计算机或智能手机上,客户都能在5分钟内开立第一资本支票或储蓄账户。然而,第一资本仍然认为,实体存在也很重要。第一资本知道,在过去几年里,客户对实体产品的期望值发生了巨变。第一资本对实体存在需求的响应，就是费班克宣布开办第一资本咖啡馆。与其说那里是"办事处"，倒不如说是"陈列室"。这些咖啡馆位于费班克所说的"标志性城市旺角"，旨在为客户提供非凡的"体验"。客户或潜在客户可以进来（你不一定非得是第一资本的客户才有资格进入这些咖啡馆），尝尝皮兹咖啡，蹭蹭免费无线网络，试试第一资本的产品或技术，甚至还可以和第一资本的理财顾问进行切磋。除这些咖啡馆外，第一资本还有比较传统的分店，以满足各种客户的需求，进行更为复杂的交易。

广开客源

2018年7月，第一资本宣布达成一项长期协议，为全球最大零售商沃尔玛独家发行联名和自有品牌信用卡。随后在2019年1月，它又宣布达成一项协议，以优惠价格和条件收购沃尔玛现有的约90亿美元的信用卡贷款。费班克说："我们渴望与沃尔玛合作，传递惊人价值，深化客户关系，利用技术创新为全美各地的客户营造非凡的体验。"第一资本已经花了多年时间来建立和扩大自己的业务关系，看起来它仍然乐此不疲。

为未来打造品牌

第一资本从初创伊始便是一个备受世人瞩目的品牌。2018年，他们在营销和广告上的支出高达22亿美元，业内几乎无人能及。费班克认为，此项投入"推动了零售银行客户和存款的强劲增长、信用卡账户的暴增，以及国内信用卡购买量15%的增长"。同年，第一资本推出了独树一帜的新款信用卡享福（Savor），为就餐或娱乐的客户提供4%的无限制奖励。与此同时，第一资本还发起了"新概念银行"广告活动，借以宣传其数字银行工具和第一资本咖啡馆。大腕明星影视演员詹妮弗·加纳（Jennifer Garner）和塞缪尔·L. 杰克逊（Samuel L. Jackson）滔滔不绝地历数威卓卡（Venture）和水银卡（Quicksilver）的优点，他们的身影在电视里无处不在。第一资本还继续赞助坐落在首都华盛顿的第一资本竞技场（麦克莱恩位于美国首都郊区）。2018年，第一资本队参赛争夺斯坦利杯。在美国冰球联盟（NHL）季后赛的几个月时间里，人们享受着夜半难消的兴奋和咬着指甲的期待心情，第一资本在当地和全美频频曝光,可谓出尽了风头。

在进行活动总结时,费班克说:"品牌和营销人员都恰好处于拐点。赢家不仅有精彩的故事可讲,而且有精准的机会吸引消费者,进行卓有成效的大规模投入,并予以实时测量,以求投资效益最大化。"

成就国家精英的职业生涯

尽管费班克不爱自吹自擂,但每逢谈及手下员工,他都情不自禁。"我们的最高使命从来都是吸引并激励世界顶尖人才。我们的员工是第一资本的灵魂,"费班克说,"他们带来了不同的经验和视角,以慷慨之举和创新精神为客户和社区服务。正是他们让第一资本变得与众不同。我有机会带领这样一个人才济济的团队,实乃三生有幸。"

2018年,第一资本增加的9000多名员工中,有1000多名是刚毕业的大学生。在这些雇员中,有数以千计的工程师、数据学家、设计师、产品经理和网络专业人员。费班克称,并非所有的人都来自银行业。相反,"具有不同背景的人们带来了金融、运营和客户服务等领域的经验和专业知识"。除招聘之外,第一资本还十分重视培训,制订了全美最受推崇的技术实习计划和为期两年的技术开发计划，旨在加速培养并提高软件、数据和网络安全工程师的履职能力。

2018年年初，第一资本新增三名独立董事会成员。他们的经验和专长在于技术和创新，而不限于银行业。自豪的费班克在年度信中将他们隆重推出：

> 在谷歌负责"增强现实"版块的副总裁阿帕纳·钦纳普拉加达（Aparna Chennapragada），是人工智能、机器学习和移动战略领域备受尊敬的专家；伊莱·利纳尔斯（Eli Leenaars）是瑞银集团（UBS Group AG）全球财富管理部副主席，拥有30年的金融服务经验，包括监督荷兰国际集团美国直销银行的业务。他为我们这一行业如何应用数据、技术和品牌进行革新带来了宽广的视角；弗朗索瓦·洛科-杜努（François Locoh-Donou）是F5网络公司的总裁兼首席执行官，在企业技术、构建和管理众多全球产品、团队和运营方面拥有近20年的经验。我们非常高兴，欢迎这些行业领军者加盟第一资

本。他们丰富的经验将在我们的技术和数字化变革中起到不可估量的作用。

> **除招聘之外，第一资本还十分重视培训，制订了全美最受推崇的技术实习计划和为期两年的技术开发计划。**

组建多元、包容的员工队伍

吸引优秀人才只是第一资本使命的一部分。费班克长期致力于对员工的教育和赋权，更愿意将其称作合伙人。他自豪地表示，他为各岗位员工提供的基本工资是 15 美元/小时，并不断增加女性和有色人种的比例，以建立一个多元包容的工作环境。他组建了七个欣欣向荣的业务资源集团（BRG），即由员工、合作伙伴和盟友组成的团体，以支持第一资本的日益多元化，增加雇员的代表性。费班克补充说："我们的七个业务资源集团是为支持第一资本日益增长的多元化员工而成立的。这些团队有助于吸引、留住和培养各种各样能推动公司向前发展的人才。"

2018 年，第一资本因其对员工的奉献而获得众多奖项和表彰。它再次入选《财富》杂志"100家最佳雇主",获得"世界最受赞赏公司""百家最佳多元化工作场所""100家千禧一代最佳工作场所"和"50家最佳父母工作场所"的殊荣,还赢得了人权运动基金会"100%企业平等指数奖"。全美商业包容联盟(NBIC)将第一资本评为"最佳包容企业"。"女性选择"(Women's Choice)将第一资本评为"最适合多元文化女性的公司"。"老兵新职"(G. I. Jobs)将第一资本评为"军人友好型雇主(银奖)"。

费班克引以为豪,但对这些荣誉的取得并不感到意外。他说:"我们一直在不遗余力地招募优秀人才,为身为同事、领导、家人和公民的他们,提供让其伟大起来的工作场所。我们欢迎那些想要成长、超越、不甘平庸的人。在我们创造的企业文化中,协作、开放非常重要,等级、门第微不足道,每名员工都应当顺势而为,努力工作。"一个不愿透露姓名、在该公司工作多年的资深员工可以证明这一点,他说:"每个人都总是规规矩矩地做正确的事情,而且还经常扪心自问:我这样做对吗?即使彼此交谈,也没有上下级之分,有的只是尊重。如果你不会以某种方式和父母、家人、朋友说话,那你就不会以那种方式在第一资本讲话。这么多年来,我从来没听过一句无礼的话。归根结底，这是高管垂范的结果。"谈到公司的经历，她记起一个桥段，说明尊重无处不在。她详细描述了（几年前）一位同事和人力资源主管之间的对话。这位员工去找人力资源主管，说需要自己的生活伴侣成为自己寿险的受益人。第一资本很快出台了一项政策，规定员工伴侣，无论性别、性取向或是否结婚，都可以成为保险受益人。早在这一社会需求浮出水面之前，第一资本便已先行一步。"这样做是对的，"这位员工说，"因此，既然公司做得无可挑剔，也就不用多说废话了。"

> **"** 我们一直在不遗余力地招募优秀人才，为身为同事、领导、家人和公民的他们，提供让其伟大起来的工作场所。 我们欢迎那些想要成长、超越、不甘平庸的人。 在我们创造的企业文化中，协作、开放非常重要，等级、门第微不足道，每名员工都应当顺势而为，努力工作。**"**

作为 8 个孩子的父亲、积极参与孩子生活的费班克理解弹性工作的必要性。他说："我们知道，每名员工都有工作之外的事情，如家人身体有恙或在社区做义工时都需要得到支持。"一位参加过费班克召开的会议的员工称，费班克自己也会因为参加孩子的活动而请假缺席。正因如此，员工们觉得自己也可以灵活变通。费班克说："他信任我们。我们都相信对方不会耽误工作。"

建设社区

第一资本从一开始就致力于社区项目和伙伴关系，用技能、专业知识和经验来整合，提高其核心竞争优势。作为一家金融服务公司，它侧重"刺激经济增长，为众人创造机会"。2018年，第一资本员工志愿服务时间超过42.2万小时，向帮助社区创造商机的非营利组织捐款约4400万美元。通过未来优势（FutureEdge）社区资助计划，五年内它在职业技能发展、小企业技术解决方案及个人金融工具和信息方面投资了1.5亿美元。它与非营利组织年成培训（Year Up）协作，为年轻人提供"技能、经验和支持，助其开始职业生涯，接受高等教育"。第一资本聘请年成培训的参加者作为实习生，然后再从实习生过渡到全职雇员；与当地公立学校和组织合作，第一资本的"编码员计划"帮助培养中学生对科学、技术、工程和数学的兴趣。在为期10周的项目中，第一资本员工志愿向全美各地的学生讲授解决问题、团队合作,以及软件开发和编码的基本原则。未来优势项目支持的其他劳动力发展计划还包括"全员教育"(Per Scholas,为服务不足的社区提供技术准入和教育)、"未来创始人"(为高中生培养创业技能)和"穿出成功"(Dress for Success,争取女性经济独立)。2018年,第一资本因其在社区的表现而获奖,其中包括《财富》杂志评选的"50个最佳回馈工作场所"。

> "2018年,第一资本员工志愿服务时间超过42.2万小时,向帮助社区创造商机的非营利组织捐款约4400万美元。"

建立可持续的生态友好型企业

自始至终,"责任感"这一第一资本的核心原则和价值观,都与利益相关方和整个社会相关联的企业行为相伴而行。费班克说:"我们尽力提高营商环境的可持续性,减少业务的负面影响,理性使用资源,继续请合作伙伴、客户、供应商和其他利益相关方积极参与我们的环保工作。"第一资本所做的工作包括购买100%的可再生能源（2018年购买31.7万兆瓦时的可再生能源信用额度）和建造碳中和建筑。它还努力减少商务旅行中的温室气体排放。第一资本承诺，到2025年，将其四个主要工作区的垃圾填埋量减少50%。在这些地点，它撤走了单个垃圾桶，对垃圾集中存储、堆肥和回收。2018年，它制造1137吨有机垃圾肥料，回收714吨安全碎纸和740吨塑料、非机密纸和铝材。它还向当地的饥饿救济组织捐赠可能被浪费的食物（2018年捐赠食物超过16吨）。

2015—2018年，第一资本通过其可再生能源、多家庭绿色融资和非营利银行业务，在环保项目上投资超过70亿美元。此外，它还在弗吉尼亚州里士满的1717个创新中心现场安装了太阳能电池板。费班克说："我们认为，可再生能源是应对气候变化的撒手锏。2018年，第一资本与其他国际大公司牵手，成为100%可再生电力（RE100）全球企业倡议组织的成员。最近，我们还制定了减少温室气体排放的新目标。"

谈到长期可持续发展目标，费班克说："我们对目标一、目标二和商务旅行的排放实行碳中和。我们承诺，到2025年，目标三的排放量将在2018年的基础上减少

25%。就温室气体排放而言，目标一来自第一资本拥有或控制资源的直接排放；目标二来自第一资本购买能源的间接排放；目标三来自第一资本不拥有或非直接控制但与其活动相关的来源排放，如供应链、员工通勤和商务旅行。每年，我们通过信誉良好的第三方对公司的温室气体排放进行清查和核实，并向非营利组织碳排放披露项目（CDP）报告。"

第一资本还获得了美国绿色建筑委员会绿色能源与环境设计先锋认证，所有新的办公楼建设和综合装修均获得了银级（或更高）认证。目前，第一资本超过50%的办公室产品均通过了绿色能源与环境设计先锋或绿色环球（Green Globe）认证，其中包括位于弗吉尼亚州泰森（Tysons）市的新麦克莱恩二号大楼。该大楼具有多种环保功能，包括雨水收集、绿色屋顶植被、电动汽车充电端口、本地植物景观、用于采光的自动遮阳和照明控制，以及接驳公共交通和安置自行车架。

2019年，作为银行，同时是高瞻远瞩的科技公司，第一资本已经牢牢地在业界站稳了脚跟。当然，还远远不止于此，它已经是当地社区的重要参与者和利益相关方，是员工生活的一部分，也是客户福祉的有机构成。它在人才、技术、品牌建设、社区服务、可持续性、多样性、工作场所满意度和产品卓越性等各个方面都一诺千金,"把正确的事情做对,把对的事情做正确"。

结　语

踏上新征程

20多年前,理查德·费班克和奈吉尔·莫里斯创建公司时的使命与今天的别无二致:"让我们一起创造伟业。"一路走来,他们的目标一直都很简单,那就是降低信贷成本,让走下神坛的信贷走近更多民众。这个目标充分体现了他们的愿望,即破除行业陈规,开辟全新的业务渠道。正如第一资本网站宣称的那样,他们希望"为一个做好变革准备的行业带来独创力、简单性和人性的温情"。

在作为上市公司的四分之一个世纪里,第一资本可谓征途漫漫。它最初是一家小型信用卡公司,后来发展成为美国最大、发展最快、万众瞩目、最具创新精神的公司之一。然而,按照费班克的说法,正是无数个微不足道的故事,才造就了第一资本的不朽传奇。"一个移民凭借他的信用购买了一套住房；一位22岁的软件工程师在大学毕业后义无反顾地投身银行；一位小企业主用火花（Spark）奖励卡支付员工的医疗费用。"这些故事是公司的化身，也是莫里斯和费班克最初创业的原因。他们二人想颠覆一个行业，而且是利用数据来颠覆。最为重要的是，他们想"做正确的事情"。

一颗思想的种子，后来逐渐萌发成一家硕果累累的公司，进而改变了人们的生活。自1994年以来，世界经历了巨大的社会、经济、政治和文化的变革。我们一起目击了"9·11"事件中双子塔楼的坍塌，见证了我们的至爱亲朋奔赴前线，亲历了经济萧条、繁荣和再度萧条，熬过了科技泡沫、地产泡沫、经济衰退和社会政治的跌宕起伏。

除此之外，我们又都是坐在前排的观众，目睹了数字时代的万道霞光。1994年，当第一部笨重的移动电话出现在电影里，或偶尔由某位"大哥"握在手中在曼哈顿街头招摇过市时，那时的我们很难想象有朝一日会掌控银行账户，进行网上股票交易，甚至利用手机购买咖啡。有如此远见的人凤毛麟角，有勇气将这一愿景变为现实的人更是寥若晨星。理查德·费班克和奈吉尔·莫里斯就有这样的愿景。理查德·费班克和他的父亲一样，仍然在眺望着遥远的未来，一个绝少有人能够想象到的未来。他对未来充满信心："我们已经看到我们的文化和社会发生了沧海桑田般的变化，但与未来25年相比，第一资本头25年的变化相形见绌。随着科技改变了一切，我们已经做好了迎接企业兴旺发达的准备。客户是我的灵感之源。他们相信第一资本每天都会以聪明才智和温暖人性为他们服务。我很荣幸有机会带领5万名员工勠力前行。正是他们，将永远改变银行业的面貌。"

教训与机遇

多年来，费班克开发并完善了如今专有的信息化战略。贯穿过去的25年，信息化战略始终是第一资本的战略支柱。它利用先进的信息技术和精密的定量分析技术，收集了大量有关当前和潜在客户的数据，以期更好地为客户服务。通过设计和为每个客户定制适合其财务状况的产品，第一资本在创立最初几年便坐拥近700万个客户，目前已成为美国十大银行之一。事实证明，依靠数据、把公司看作"科技公司"而不是"银行"，是通向成功的捷径。此外，第一资本还善于向前看。用费班克所说的"格雷茨基概念"来诠释，那就是他总是展望未来，从不安于现状。

依靠数据，不把自己视为单纯的"信用卡"公司或"银行"，以及着眼未来，是第一资本最终成功的关键驱动力。

从第一资本身上，我们可以学到以下七点：

一、养成推陈出新的心态，拒绝接受现状。

创新思维是众所周知的第一资本成功的密钥之一。正如费班克所说："我们认为，每个企业或产品灵感的生命周期都是有限的。"它每创造一个产品，都把产品的结局和归宿记在心里。费班克通过不断寻找新的、即将到来的机会，成功地跑赢颓势。第一资本是首家在全美提供余额转账产品的银行。然而，此举也令竞争乍起，强敌环伺，随着时间的推移，该业务变得不再那么有利可图。料事如神的费班克早有准备，计划推出一系列"二代"产品，如安全卡、大学生卡、慈善卡，以及填补市场空白的五花八门的信用卡。规划明天，展望未来，引领大势，是保持公司盈利的关键。公司必须愿意改变，更新观念，甚至舍得放弃那些风光不再的产品。

二、利用信息化策略和数据做出决策，而不是依赖直觉、突发奇想或坊间传闻来降低风险。

费班克认为，信息化战略使其能够规避风险，"伺机而动，即使是成熟产品也能觅得机会"。费班克利用数据和工具来有效地管控风险。第一资本应用复杂模型来分析风险，并根据费班克所说的"高度保守"的预测做出决策。即使在经济衰退时期，这一策略与第一资本整体保守主义的结合对公司的表现也都至关重要。虽然第一资本的战略标志是通过创新实现积极增长，但确保其市场地位的，归根结底还是其保守主义文化。虽然创新和保守这两个概念貌似南辕北辙，但在费班克看来并非如此。尽管第一资本在创新方面投入巨大，但它仍然离不开严格有序的测试。只有表现出高回报能力的新产品才有机会走向市场。他们权衡并预测"不可避免的"现有机会的衰减，不断激励公司向新增长点发起挑战。此外，第一资本还对自己的资产负债表持保守态度，审慎地留有大量的金融缓冲，以帮助公司在无法掌控的不利局面下幸免于难。

三、投资技术。

对第一资本的强劲增长同样重要的是，应用尖端信息技术创建高度灵活的运营基础设施。从一开始，费班克就知道技术对其商业战略的重要性。他在公司内部建立了坚实的基础设施，能够领先竞争对手一步将新想法推向市场。随着信息革命对消费产品和服务的改变，费班克始终坚信，战略和技术将使其能够占据市场竞争优势。第一资本不仅投资技术，而且还投资以技术为核心的文化。除"敏捷管理"之外，第一资本还积极推广"谁构建谁拥有"的思维模式，大力弘扬运维文化，要求团队通力协作，旨在快速交付某种特性、修复漏洞和更新产品。尽管它是实至名归的大公司，但运作起来仍然像一家小型软件初创公司。

四、从一开始就确立核心价值观和原则。

费班克认为，第一资本的持续成功是其自1988年把信息化战略引入西涅公司以来遵循的一系列原则的产物。这些原则作为第一资本的精髓，将战略见解和管理价值观融为一体，不仅是人们茶余饭后的谈资，而且过去是、现在也是第一资本的一种生活方式。它们已经与公司的组织结构水乳交融，并从第一天起就成为其中的一部分。除依靠数据来帮助进行关键决策外，第一资本还推崇每种业态都"正确行事"，而"正确行事"的关键是管理层能够身体力行。高管能做的事情，公司里的每位员工都可以一试身手。第一资本的另一个基本原则和核心价值是沟通。它主张"自上而下、自下而上、部门之间"的诚实、直率、亲切的沟通。

五、优中选优,不拘一格选人才。

除了信息化战略和技术应用,第一资本的核心原则体现在招聘上。它的战略的复杂性和持之以恒的创新,需要费班克所说的"世界级精英"和"智慧化和执行力强的超级明星"。正如第一资本利用信息化战略来提高信贷服务质量一样,它也利用这一战略来寻找最佳人才,并通过全面的测试和面试来评估他们的表现。任何在第一资本工作或经历过严格筛选程序(仅面试就有数次之多)的人都知道,标准之高令人咂舌。高管们广泛参与整个招聘过程。在招募到顶尖人才之后,第一资本会通过培训课程、参与管理、辅导、轮岗及早压担子等来全力培养他们。职业发展的努力被视为第一资本信息化战略要求的能力建设的关键。信息化战略始于招募优秀人才。精英们往往渴望迎接挑战,从不推诿扯皮,积极排忧解难。

六、培养提携成长、奖掖成功的企业文化。

第一资本认为,员工需要合适的环境来支撑"巅峰表现"。它创造了一种创业文化,这在大型企业中标新立异。第一资本鼓励员工"像老板一样思考和工作"。它要求管理者不要将自己视为老板,而要将自己看作教练,"通过提供指导、以身作则、制定非凡标准、远离官僚作风、保持高速发展来实现每名员工的价值"。第一资本的所有员工都有权参加员工持股计划、401(K)计划和优先认股,从而将主人翁精神在整个公司发扬光大。

七、投资品牌建设。

第一资本从一开始就舍得进行品牌化投入。自初创时起,它就孜孜以求与众不同,让自己的信用卡产品木秀于林。2018 年,它在营销和广告上投入 22 亿美元,令同行望尘莫及。这些年来,它聘请了亚历克·鲍德温、詹妮弗·加纳和塞缪尔·L. 杰克逊等明星为自己摇旗呐喊。它赞助了美国大学体育协会四强赛、佛罗里达柑橘碗比赛和第一资本队的主场第一资本竞技场。它还在全美进行了几次战略性收购,以提升品牌知名度。尽管第一资本如今实际上已经成了信用卡的代名词,但其并未因此沾沾自喜,而是继续前进,持续加大在营销和品牌化方面的投入力度。